SİBEL UZUN

IŞIĞIN ŞİFA YOLU

SEN DEĞİŞİRSEN DÜNYA DEĞİŞİR

DESTEK yayınları

DESTEK MEDYA GRUBU

DESTEK YAYINLARI: 1548
KİŞİSEL GELİŞİM: 254

SİBEL UZUN / IŞIĞIN ŞİFA YOLU

İmtiyaz Sahibi: Destek Yapım Prodüksiyon Dış Tic. A.Ş.
Genel Yayın Yönetmeni: Ertürk Akşun
Yayın Koordinatörü: Özlem Esmergül
Üretim Koordinatörü: Semran Karaçayır
Editör: Merve Gökçek
Son Okuma: Devrim Yalkut
Kapak Tasarım: Sedat Gösterikli
Sayfa Düzeni: Cansu Poroy
Sosyal Medya-Grafik: Mesud Topal-Nursefa Üzüm Kalender

Destek Yayınları: Ocak 2022 (2.000 Adet)
3. Baskı: Haziran 2022
4. Baskı: Kasım 2022
5. Baskı: Aralık 2022
6. Baskı: Eylül 2023
7. Baskı: Ekim 2023
Yayıncı Sertifika No. 43196

ISBN 978-625-441-532-6

Abdi İpekçi Caddesi No. 31/5 Nişantaşı/İstanbul
Tel. (0) 212 252 22 42
Faks: (0) 212 252 22 43
www.destekdukkan.com
info@destekyayinlari.com
facebook.com/DestekYayinevi
twitter.com/destekyayinlari
instagram.com/destekyayinlari
www.destekmedyagrubu.com

Destek Dukkan

Deniz Ofset – Çetin Koçak
Sertifika No. 48625
Maltepe Mahallesi
Hastane Yolu Sokak No. 1/6
Zeytinburnu / İstanbul
Tel. (0) 212 613 30 06

DESTEK yayınları · KARAKARGA · BEYAZ BAYKUŞ · genç DESTEK · ATHICA

SİBEL UZUN

IŞIĞIN ŞİFA YOLU

SEN DEĞİŞİRSEN DÜNYA DEĞİŞİR

DESTEK yayınları

Bu kitabı Bir'den Bir'e uyanmaya niyet eden herkese ve canım babamın nuruna ithaf ediyorum...

İÇİNDEKİLER

ÖNSÖZ 11

GİRİŞ 13

1. BÖLÜM

KENDİNİ TANI 17

TEKÂMÜL VE TESLİMİYET YOLU 21

TASAVVUFTA TEVEKKÜL 25

2. BÖLÜM

IŞIĞIN ŞİFA YOLU 31

ŞİFA NEDİR? ŞİFACI NEDİR? 37

HERKES BİR ŞİFACIDIR 43

KÂİNATIN EVRENSEL ŞİFACISI OLMAK 45

KOŞULSUZ SEVGİ VERMEK 49

3. BÖLÜM

ENERJİ ALANLARI 53

AURA 57

Bilinç Haritası 59

ETERİK BEDEN 63

DUYGU BEDEN 67

ZİHİN BEDEN 71

ASTRAL BEDEN 75

DURU GÖRÜ VE AURA GÖRME EGZERSİZİ 77

ÇAKRA 79

KÖK ÇAKRA 83

SAKRAL ÇAKRA 87

SOLAR PLEKSUS ÇAKRA 93

KALP ÇAKRA 97

BOĞAZ ÇAKRA 101

3. GÖZ ÇAKRA 105

TEPE ÇAKRA 109

DÜŞÜNCELERİMİZ VE ÇAKRALAR 113

1. GÜVENLİK MERKEZİ-KÖK ÇAKRA 115

2. DUYGU MERKEZİ-SAKRAL ÇAKRA 115

3. GÜÇ MERKEZİ-SOLAR PLEKSUS ÇAKRA 115

4. SEVGİ MERKEZİ-KALP ÇAKRA 115

5. BOLLUK MERKEZİ-BOĞAZ ÇAKRA 116

6. BİLİNÇLİ-FARKINDALIK MERKEZİ-3. GÖZ (SEZGİSEL) ÇAKRA 116

7. KOZMİK BİLİNÇ MERKEZİ-TEPE ÇAKRA 116

4. BÖLÜM

SEN DEĞİŞİRSEN DÜNYAN DEĞİŞİR 119

Bilinç ve Bilinçaltı 119

BİLİNÇALTININ EN ÖNEMLİ ÖZELLİKLERİ 123

KÖK İNANÇLARI FARK ETME VE DÖNÜŞTÜRME 129

EN BÜYÜK ENGEL EGO 133

HASTALIKLAR VE ZİHİNSEL SEBEPLERİ 135

BAZI HASTALIKLAR VE DÜŞÜNSEL-DUYGUSAL SEBEPLERİ 136

OLUMLU DÜŞÜNCENİN GÜCÜ 151

İLAHİ REHBERLİK VE ŞİMDİNİN GÜCÜ 155

5. BÖLÜM

EVRENSEL YASALAR 163

TEKLİK YASASI 165

TİTREŞİM YASASI 167

ÇEKİM YASASI 169

DENKLİK YASASI 171

NEDEN-SONUÇ YASASI 174

GERİ DÖNÜŞ YASASI 177

GÖRECELİLİK YASASI 179

POLARİTE YASASI 182

RİTİM YASASI 184

Hayatımıza yön veren muhteşem evren yasaları 186

Hayallerinizi gerçekleştirmek için muhteşem reçete: Başarının 7 spiritüel yasası 187

6. BÖLÜM

MEDİTASYONLAR VE RİTÜELLER 189

Meditasyon Nedir? 189

Meditasyon Ne Değildir? 192

Meditasyonun Faydaları Nelerdir? 197

TLHT®-IŞIĞIN ŞİFASI-TESLİMİYET,
ŞÜKÜR VE DUA ÇALIŞMASI 205

TLHT®-IŞIĞIN ŞİFASI-BOLLUK BEREKET
ŞİFALANDIRMA PROGRAMI..207

TLHT®-IŞIĞIN ŞİFASI-SUYLA BEDEN
ŞİFALAMA VE SU KODLAMA 211

TLHT®-IŞIĞIN ŞİFASI-OSHO BOYUTSUZLUK
MEDİTASYONU..215

TLHT®-IŞIĞIN ŞİFASI-YENİAY VE DOLUNAY RİTÜELİ........219

TLHT®-IŞIĞIN ŞİFASI-ENERJİ TOPRAKLAMASI 225

TLHT®-IŞIĞIN ŞİFASI-NİYETLERİ GERÇEKLEŞTİRMEK
İÇİN EN ETKİLİ RİTÜEL 227

TEŞEKKÜR 233

YAZAR HAKKINDA..235

TLHT® THE LIGHT OF HEALING THERAPY
IŞIĞIN ŞİFASI HAKKINDA 237

ÖNSÖZ

Merhaba Işığım...

Öncelikle kendi öz karanlığındaki aydınlığı bulma çaban ve ışığın şifasıyla bütün olma gayretin için seni tebrik ediyorum. Kader daimi olarak bizim çabamıza âşık, biz kendi öz karanlığımızdaki ışığın içerisinde Yaradan'ın nuruyla, hakikatle, aydınlanmaya adım adım giderken, artık unuttuklarımızı hatırlama zamanı.

Bu kitapta, kendinden çok şey yakalayacaksın ve daha bu kitap, unuttuğun birçok şeyi sana hatırlatacak. Ruhunun sana hatırlatmak istediği, sınırlandırılmış zihninin ise bloke ettiği, yoluna engeller koyduğu, hakikat yolunda adım adım ilerleyeceksin. Öyle anlar yaşadın ki zaman zaman kendini, bilmediğin bir çıkmazın içerisinde buldun. Ne yapacağını da kestiremedin. Yıldın, yıkıldın, bunaldın hatta öyle derin karanlıkla mücadeleye düştün ki nefesin adeta kesildi ve tükendin. İşte tam da burada, artık yolundaki tüm karanlığın gerçekliğine uyanıp kendini ve yaşamındaki tüm olayları fark edip, tekâmül etme zamanın.

Bu kitap, seni sana hediye edecek. Evrenin ve kendi yaşam yolundaki şifreyi yakalayıp, aydınlığa erişim hızını artıracak.

Artık kurban bilincin seni en derine çekemeyecek, farkındalığın ve tekâmülün gereği sen kendi olasılıklarını rahatlıkla yönetebileceksin. Sistemin en gizemli tarafları sana çözülmüş şifreleriyle aydınlık dolu yollar olacak ve sen kendini yeniden inşa edeceksin.

IŞIĞIN ŞİFA YOLUNA HOŞ GELDİN...

GİRİŞ

Hayatımın en karmaşık zamanlarıydı...

Nefes almam her geçen gün zorlaşıyor, gittikçe en derine doğru çekiliyordum. Her yeni güne başlarken, "Hadi bakalım Sibel! Bugün senin günün olsun" diyordum fakat gün sonu elde kalan yokluklarla günü kapatıyordum. Her geçen gün en yakın dostlarımdan, iş eşrafımdaki insanlar tarafından uğradığım haksızlıklar kalbimi, ruhumu ve bedenimi karanlığa çekiyordu ve içimdeki öfke katlanarak artıyordu. Bu durum bende dayanılmaz bir hal almaya başlamıştı. Sessiz çığlıklarım vardı. Hiç kimsenin beni anlamadığını düşünüyordum. Her gelen benden birçok şeyimi çalmış gibi hissediyordum. Ben bütün başarılarımı, kariyerimi, sevgi dolu hallerimi unutup, öfkeden deliye dönüyordum, sanki onları yapan ve yaşayan ben değildim.

Ve bir gün... İşte o gün...

Gün, her zamanki aydınlığıyla başlamıştı. O gün, diğer günlerden farklıydı sanki fakat içimde konuşan onlarca sesten sadece bir tanesi, o günün diğer günlerden farklı olduğunu söylüyordu. O ses, o kadar derinden geliyordu ki onu duymamam neredeyse imkânsızdı. Güne kendimi kaptırmış harıl harıl çalışıyordum. Hedeflerim, hayallerim ve amaçlarım vardı. İntikam güdüm beni öyle ele almıştı ki herkesten daha fazla kazanmayı istiyordum. Yenilmeyecek, yenecektim. Hakkımı bırakmayacak, söke söke alacaktım. Saatler ilerledi ve iş ortağımla toplantım vardı. O gün artık ipler kopmuş ve hesap görülmeye başlanmıştı.

Toplantıya gittim. Alnım açıktı, gönlüm ferahtı. Çünkü çalmamış, kimsenin hakkını harama karıştırıp boğazımızdan geçirmemiştim. Uzunca konuşmalar oldu, gün sonu yaklaşıyordu ve hakkımı savunmaya devam ediyordum. İçimden gelen seslerden biri, orayı talan etmemi söylüyordu, diğeri ise "Sakin Sibel" diyordu. Bir ara kalp atışlarıma odaklandım. Odanın içindeki tüm kargaşaya ait sesler sustu ve sadece kalp ritmimi duydum. Sanırım ölüyorum dedim. O odada ve onların yanında ölmek dahi istemedim, içimden "Allahım, ne olur evime gidebileyim" diye geçiriyordum. Gözlerim doldu, derin bir nefes aldım ve kalbimin ritmi Allah'ın adıyla zikre başladı. Kalbim ve içsesim aynı esnada zikrediyor ve sadece "Allah" diyordum. Benliğimdeki tüm sesler susmuştu. Özüm ve kalbim olabildiğince yükselmeye başlamıştı. Allah, Allah, Allah!

Bir an durdum ve karşımdaki kişiye dedim ki: "Şimdi sen, bu işletmede benim hiçbir hakkım olmadığını mı söylüyorsun?" Aldığım cevap "Evet" idi. İçimin coşkusu daha da artmıştı, kalbimden ve özümden en yüksek haliyle arşa ulaşacak gibi çıkıyordu. Sadece "Peki" dedim. Ofisten çıkarken, "Tam da şu anda tüm kalbimi Allah'a teslim ediyorum, iradem, yüce Allah'ın iradesine teslimdir" dedim ve çıktım. Kulaklarımda inanılmaz bir basınç vardı, kalbim, özüm, ruhum zikretmeye devam ediyordu. O gecem, sabaha kadar tavanı seyretmekle geçti.

O günden sonra artık hiçbir şey eskisi gibi olmadı. Geçmişin tüm yükünü bir anda bırakmıştım sanki. Çocukluğumdan beri sarsıcı olaylar yaşamıştım. Hep şahlanmış, sonra da en yüksek olduğum anda yere çakılmıştım. Tabii yere çakılışlarımın öneminin büyüklüğünü ilerleyen zamanlarda idrak edebilmeye başlamıştım. Her yeni güne başlarken umutla başlıyordum ve taleplerim olumlu sonuçlanmadığında bin bir tefekküre, tam bir sükût içerisine geçiyordum. Bir gün, meditasyon yaparken ışık huzmelerinin içinde buldum kendimi, öyle muhteşem bir alanı deneyimliyordum ki o an için tarifsizdi. Her nefes alıp verdikçe, sonsuz güzelliğin içine giriyordum. Nefeslerimi derinleştirdikçe, her şey yavaşlamaya başladı, kendimi nebulaların arasında uçuş uçuş gezerken buldum. Kendi gerçekliliğimin tam içindeydim. Kozmik tüm kapılar aralanmıştı. Kat kat tüm katmanları görebiliyordum. Vakit gelmişti.

Renk cümbüşünün içerisinde uçuş uçuş gezerken aniden bir deliğin içine çekildim ve o an tüm vücudumda derin bir titreme hissettim. Geçişi tamamladığımda çocukluğuma ait bir anının içinde buluverdim kendimi ve şaşkın, korku dolu gözlerle etrafına bakan minik Sibel'i görüyordum. O günü hatırlamıştım. Çocukluğumun en acı zamanlarından birisi sahneleniyordu, gözlerimin önünde. Anlam veremediğim bir şeyler oluyordu ve ben bu bilinmezliğin ortasındaydım. Ağlamaya başladım, vücudumu kasmışım ki derin bir nefesle hıçkıra hıçkıra açtım gözlerimi bir anda. Bu silsile bitmedi. Her meditasyon anımda, kendi gerçeğimle alakalı anılarımda uzun süre dolanmaya başladım. Bana anlatılmak istenenin ne olduğunu daha derin araştırmaya, incelemeye başladım.

Zaman hızlıca akıyordu. Adeta puzzle parçaları birleştirir gibi birleştiriyordum, karşıma çıkan her olayın içindeki mesajın anlamını. Çünkü artık odağım başıma gelen olaylar silsilesi olmaktan çıkmıştı. Tekâmül yolumda engellerimi, bu engellerimle nasıl başa çıktığımı ve sonuçlarını inceliyordum. Yaşamımım bir amacı olmalıydı, "Ben neyi görmeli, neyi duymalı ve neyi anlamalıydım?" derken, tüm kozmik alanların içinde yer alırken, "Evet artık yola çıkma vakti" derken, karşıma kocaman bir duvar çıktı. Bu duvar belli ki hayat yolumdaki özellikle şifa yolumdaki en büyük engeldi. Tekrar eden acıma duygum yeniden başlamıştı. Kendime artık acıyordum. Yaşadıklarımın gerçekliğini sorgulamaya dahi başlamıştım. Vakit gelmişti dediğim yerde yükselmem gerekirken, kendime acımaya başladığımı hissetmek ve gerçekliğimden şüphe etmek, beni öylesine zorluyordu ki. Ve bir gece...

Birdenbire her şey olması gerektiği gibi oldu ve bugünkü ben doğdum. Yüce Allah'ın iradesi ve izniyle ilahi nizamdaki gerçekliğime uyanıp, geçmişten bugüne bütün taşlar yerine oturdu. Spiritüel dediğimiz öteki âlemi sayısız katmanlarda, mikrodan makroya zaman algısı olmadan hızlandırılmış tur gibi yaşamaya başladım. Çocukluğumdan beri hayatımın gizemli tarafları artık gizemini gerçekliğe ve benim yararıma olan hizmetlere dönüştürmüştü. O gün bugün insanların şifalarına kavuşmaları için, kendi gerçeklerine uyanabilmeleri için birçok metot geliştirdim. Yine o gün bugün yüzlerce kişiyle yolculuklarımız devam etti. Yıllar evvel aldığım bazı eğitimler sayesinde yolumu daha da hızlandırdım. "Işığın şifa yolu", bir şifa sistemi olarak bugün hayatımıza yerleşmeye başladı. Işığın şifa yolu, evrensel şifanın kaynağına bağlı olan mucizelerle bana aktarılmış olan bir sistem. Bu yolda mucizenin kendisi sizsiniz. Kendi gerçeğiniz ve gayretinizle kaderinize âşık olan gayretiniz harekete geçecek ve gayretiniz de kaderinize olan aşkıyla yanıp tutuşacak.

Yol uzun ve ışık dolu, siz sadece tekâmül yolunuzdaki gerçekliği fark etmeye ve sıçramaya odaklanmalısınız. Kitabı okuduğunuzda hatırlatma tuşunuza basılacağından hiç şüphem yok. DNA'mızda her şeyin kayıtlı olduğunu tekrar fark edeceksiniz, uygulamaları düzenli yapanlar her yeni günle birlikte yeniden doğmanın keyfini yaşayacaklar.

Keyifli okumalar...

AŞKOLSUN

1. BÖLÜM

KENDİNİ TANI

Kendimiz için yapabileceğimiz en güzel yolculuğa hazır mıyız? Hadi o zaman başlayalım.

Kaç kere sorduk "Ben kimim?" sorusunu. Yaşantımızın içerisinde öyle olaylarla karşı karşıya kalırız ki hep en kötü senaryoda "Neden ben?" sorusunu sorar ve asıl gerçekliğimizden uzaklaşarak kendi kendimizi çıkmaz bir sokak içerisinde hapsederiz. İşte burada çırpınışlarımız başlar ve yine kendi benliğimizden uzaklaşarak özümüzü hapsettiğimiz o sokakta kalakalırız.

Ben kimim?

Söylediklerimizden çok, söylemediklerimiziz aslında. Kendini tanımaya buradan başla. "Ben kimim?" sorusunu kendine sormaktan hiç çekinme. Çünkü sen şimdi şu anda olduğun halinle en mükemmelsin, biriciksin, teksin ve eşsizsin. Koca evrende senden başka bir tane daha yokken, sıkıştırıldığın yerde sınırlandırılmış ve kalıplaşan kodlarınla birlikte neyin içerisinde kendini yok sayıyorsun? Karanlık tarafların... Evet karanlık tarafların var ve emin ol o karanlık taraflarınla bile en mükemmelsin. Önemli olan karanlık taraflarından kaçmak değil, onlarla yüzleşmek ve kabullenmek.

Her şeyden evvel kendimizi tamamen tanımamız gerekiyor. Doğduğumuz coğrafya kaderimiz olmak zorunda değil. Kendimizi ne kadar iyi tanırsak, yaşamlarımızdaki tercihlerimiz o kadar netlik kazanır. Evet, yazılı ana kader planımız var o da külli irade. Onun yanı sıra bize sunulmuş ve verilmiş sonsuz olasılıklar içinde seçkilerimizi gerçekleştireceğimiz cüzi irademiz de var.

Esasen külli irade, evrendeki tüm işleri sonsuz sayıda dileyerek olduran ilahi iradedir. Kader inancında Allah'ın daha önce olmuş ve sonra da olacak olan tüm işleri bilmesi ve buna göre takdir etmesi vardır. Bu bağlamda, Kuran-ı Kerim'de şöyle buyrulur:

"Her şeyin hazineleri sadece
bizim katımızdadır ve biz
oradan indirdiğimizi belirli
bir ölçüye göre indiririz."
– Hicr, 21

Hadi biraz beyin jimnastiği yapalım. Düşünsenize, bilimadamları bedenimizde yüz trilyon kadar hücre olduğunu söylüyorlar. Her hücrenin de nice fonksiyonları var. İnsan, bir anda iki şey idare edemezken, bedenindeki bu sayısız faaliyetleri nasıl kontrol edecek? Demek ki insan kendine malik değil. O bir kuldur. Bedeni, külli bir irade ile tanzim ve idare ediliyor. Direkt olarak zihnimde şunlar beliriyor: "Hımmm, demek ki hiçbir organım, hiçbir hücrem başıboş değil, öyle ise ben de başıboş olamam! İç âlemimde akışta olan her şey benim için faydalı ve Yaradan'ımın hikmetinde, bunun bilinciyle ben şimdi iredemi doğru kullanmalıyım ve tekâmülüme fayda sağlayacak seçkilerde bulunmalıyım. Bedenimdeki her hücre, semadaki her yıldız ve kâinattaki her sistem külli bir irade ile hareket ettiklerine göre, ben de cüzi irademi o külli iradeye uygun olarak kullanmalıyım. Her yeni günle birlikte sistemin içerisinde var olan her şeyin farkında olarak yaşamımın en karanlık taraflarını görerek en aydınlığı seçmeliyim ki külli iradeye uygun biçimde cüzi irademde benim yaşam yolumda eşlikçim olsun."

Bize sunulmuş olan mucizelerin farkında olmadan yaşamı devam ettirmeye çalışmamız ne kadar sıkıcıysa, farkındalık kazanmak adına atılan her adım da o denli değerli diyebilirim. Yaşamımız boyunca düşünce ve duygularımızın dinamiklerini değiştirmek için gayret ediyoruz. Zihnimizi tümüyle gerçeklere açtığımız ve gerçekliği belli bir yapıya soktuğumuz, geçmişten bugüne gelen bizi sınırlayan kodlamalarımızı terk ettiğimizde, her ne yapıyorsak karşılığını muhakkak ki alacağımızı bilmeliyiz. Çünkü cüzi irademizi farkındalıkla genişletip, tüm kalıpları dönüştürmek, yeni yollar keşfetmek, yaşam yolumuzdaki sınırları aşmanın ötesinde mucizelere kapı açmanın en güzel yoludur.

Her geçen gün güçlenerek yola devam ettikçe, inançlarımıza derinden bakmaya başladıkça, köklerimizin, toplumun, ailemizin ve tüm sosyal gerçekliğimizin sınırlandırılmış olduğunun farkına varırız. Farkındalıkla, yüksek bilince adım attıkça, engin dönüşüm okyanusunun içinde olduğumuz gerçeğine uyanmaya başlarız. Anda geliştirmeye başladığınız bu yönlerinizle, inanılmaz yüksek titreşimli frekanslı bir enerji alanı yaratırsınız. Bu alanı açtığınızda emin olun ki hiçbir negatif düşünce hali, bilinçsizlik, olumsuzluk, öfke, evham, korku hali bu alana girip varlığını sürdüremez.

Her şeyin anda kalmakla çözüme ulaşacağını hap bilgi olarak alabiliriz. Bunun yanı sıra not olarak şunu da söylemeden geçemeyeceğim. Bilinçdışı, siz bu veçhelerinizi genişletmeye ve dönüştürmeye devam ederken, sizi o andan uzaklaştıracak olumsuz duygu ve düşünceleri önünüze koyacaktır. Çünkü direnç başlayacaktır. Bu direnç karşısında elinizdeki cevherin ne denli önemli ve mucizevi olduğunu daima hatırlayın ve dirence karşılık tüm duygu ve düşüncelerinizi sessizce gözlemleyin. Bırakmak istediğiniz tüm olumsuz duygu formlarını bu anda bırakabilir bir sonraki adıma rahatlıkla geçebilirsiniz.

Işığın sizi daima negatif karanlıktan, aydınlığa taşıma gibi eşsiz güzel bir vazifesi vardır. Siz kendi karanlığınızın içerisindeki aydınlığınızı ararken, ışığınızın da size yaklaşmakta olduğunu unutmayın...

Bundan sonra hiçbir şey eskisi gibi olmayacak.

Şimdi zamanı geldi ve ustalığını bir adım öteye taşıma vakti.

Her an geçmişi geride bırakabilme gücüne sahipsiniz. Sistem aslında fazlasıyla belirgindir. Bu belirginliğin içerisinde özgürleşmenize yardım edecek kişi ve olaylar çıkar karşınıza. Geçmişin yüklerini bırakmamız için arınma yoluna ve ışığın şifa yoluna niyet ederek adımlar atmaya başlamalıyız. Israrla yazmaya ve anlatmaya devam edeceğim en önemli adım, affetmek olacak. Işığın şifa yolunda kendimizi aydınlığa taşımak için nefeslerimizi derinleştirip "Geçmişte ne yaşandıysa yaşandı, şimdi arınma zamanı" diyeceğiz.

AŞKOLSUN

TEKÂMÜL VE TESLİMİYET YOLU

Yaşantımızda bitmesi gereken şeyler varsa ve biz ısrarla izin vermiyorsak ya olduğumuz yerde sayarız ya da geri gideriz ve tekâmül sürecimizi yavaşlatırız. Her kim size ne zarar verdiyse ve her ne yaşandıysa sadece bitmesine ve artık iyileşmeye izin verin. Yani teslimiyete geçin ki içinizdeki altın anahtar sizi bulsun. "Nedir tekâmül?" Kısaca bahsedelim.

Tekâmül, Arapça kökenlidir ve kelime anlamı olgunlaşma, evrimleşme sürecidir. Ruhsal ilerlemedeki anlamıysa, ruhumuzun İnsan-ı Kâmil seviyesine ulaşmak için geçirdiği seviyeler ve olgunlaşma sürecidir. Yani tekâmül, var olan öze ruhun geri dönme sürecinde, ruhun kademeli olarak gelişmesidir. Bu süreçte her ruhun dünyadaki temel amacı ve niyeti tekâmül etmek, en nihayetinde dünya boyutunda evrensel bilince ve Allah'ın sevgisine ulaşmaktır. Koşulsuz sevgiye ulaşmak için çok fazla gayret göstermeliyiz.

Tekâmül yolculuğumuzda çeşitli sınavlara tabi tutuluyoruz. Derslerimizi alana kadar tekrarlar yaşıyoruz. Kısırdöngüyü kırmanın ve bir üst aşamaya geçmenin en kestirme yoluysa, olayların on iki merkezinden geçmek. Yaşadıklarımızdan, korkularımızdan, kaygılarımızdan ve en önemlisi kurban bilincinden sıyrılmak. Burada en hassas olan ve üzerinde duracağımız ilk konu, affetmek.

Affetmek dediğim zaman gözümün önüne hep bir ayet gelir:

"Allah'ın sizi bağışlamasını
sevmez misiniz? Allah,
bağışlayandır, esirgeyendir."
– Nur, 22

Affedelim ki bizler de affedilelim. Çünkü bağışlama, bir kişinin, başkasının haksız davranışına karşı verdiği ahlaki cevabıdır. İki tarafın saygı ve anlayış çerçevesinde bir araya gelebilmesi için kurulan en önemli köprüdür. Affetme haksızlığa uğrayan kişiyi yüceltir, Allah'a yakınlaştırır, intikam hislerinden kurtulmasını sağlar, kalbini arındırır. Her hata isteyerek yapılmaz. Hata ile yapılan kalp kırıcı ve istenmeyen davranışları affetmek, kişinin sosyal çevresini genişletir, dostça yaşamın kapıları aralanır. Çünkü affettikçe kalbinde daimi sevgi aralanması yaşar ve büyüdükçe büyür o sevgi.

İntikam almak kolaydır da bağışlamak çok zordur. Yüce gönüllü, cömert bir insan, bağışlamanın onun özgür iradesinden geldiğini, içerisinde sonsuz olasılıklar barındırdığını bilir. Bilir ki yanlış yapan da insandır, bilir ki en kötü diye düşündüğümüz şeyleri dahi ALLAH affediyor, biz neyiz ki affetmeyelim?

(Her Şeyin En Doğrusunu ALLAH Bilir)

İslam kültürü affetme ve bağışlamanın en güzel örnekleriyle doludur. Peygamber Efendimiz, Mekke'yi fethettiğinde, kendisini Mekke'den kovan, zulmeden, hatta sürgüne gönderip öldürmek için planlar yapan müşrikleri affetmiştir. Bu erdemli davranış karşısında birçok müşrik Müslüman olmuştur.

İzin verin! Hayatınızda kim ne yaptıysa yaptı. Dövünmeyin, dertlenmeyin. "Yine benim başıma geldi, neden ben?" sorusu yerine, "şükürle" başa gelen derde "Hoş geldin" deyip selamlayın. Bilin ki derdi veren dermanı verir. Siz teslimiyet içerisinde tekâmülünüzdeki sıçramaya odaklanın.

Teslimiyet sanılanın aksine insanın başına gelen talihsizliklere ve haksızlıklara boyun eğme hali değildir. Allah'a teslimiyet zayıflık değildir. Başıma gelen her olayda "Allahım, benim iradem yok. Her şeyim senin iradene teslim" derim. Aslında o bir kuvvettir. Allah'a teslim olmak demek, O'nun emrettiklerini aynen yapacağız demektir; O'ndan geleceklere "Eyvallah" diyeceğiz demektir, çünkü O, her ne olursa olsun hayrımıza sonuçlar doğurandır ve bunu gören bilen kalbimizdir. Farkındalık burada başlar.

Bilinç sıçraması da burada başlar. Yani uyanış. Teslimiyet, inanç basamaklarının sonuncusudur. Teslimiyet imandan sonraki safhadır. Her yeni gün bize verilmiş hale ve yüksek bilinç ile uyumlanmaktır. Bizden daha yüksek, daha yüce bir gücün öne geçip, yol göstermesi için bilinçli zihnimizin geri çekilmesidir.

Allah'a teslim olmak demek, sevmek demektir. Teslimiyet, her zorluğa, ruhsal gelişim ve artan farkındalıkla bakabilmektir. Teslimiyet, bize verilmiş olan hayatı kabul etmektir. Teslimiyet, kalbin bilgeliğidir. Teslimiyet, yüksek bir bilgi seviyesine ulaşmak demektir.

Teslimiyet demek, kalp kapısını aralamak, gönül kapısını çalmak demektir. Çünkü gönül kapısından giren, Allah ile aşkı yakalar. Teslimiyet, sorumluluktan kaçmak değildir. Aksine, sorumluluğumuzun farkında olmak demektir. Bilgimin farkında olarak, gücümün nerede başlayıp nerede bittiğini bilerek, daha yüce güç ve bilgiye teslim olmak demektir.

Teslim olan biri, olayların dilini anlamaya, çözmeye çalışır. "Bu kesinlikle benim hayrımadır. Buradaki mesaj nedir? Ne yapmamı isteniyor? Görmem gereken nedir?" diye düşünür. Mutlaka hayrına olduğunu bilir. Yüce Yaradan'ın sevgisinden var edildiğini bilir. Yine de yaşananların neden olduğunu anlamak için çaba sarf eder. Kısaca, teslimiyet pasif bir bekleyiş değildir.

Tasavvufta da çok belirgin bir bakış açısı vardır. Şöyle ki; başına gelene şükret, sana zarar verene odaklanma. Hayatı başına gelenler için suçlama. Çünkü Allah-ü âlem onun hayatına ihtişam verirken, onun dilinden kendi kelamını alır senin diline kendi kelamını verir. İşte tam da burada affetmek ve teslimiyet başlar...

(Her Şeyin En Doğrusunu ALLAH Bilir)

Affedin. Teslim olun. Özgürleşin...

Nihai kader planımız hakkında bazı fikirlere sahip olabiliriz. Bunların çeşitli araştırmaları kadim zamanlardan bugüne kadar planlanmış ve anlatılmıştır. Kitabın sonunda size günlük olarak pratik etmeye özen göstermeniz gereken çalışmalar bırakıyor olacağım. 21 gün boyunca düzenli ve istekli yapacağınız bu çalışmalarla, tüm hücrelerinize kadar teslimiyet duygusunu hissedebileceksiniz ve tüm kalbimle niyetimdir ki Allah'ın izniyle mucizelerinize kapı OLsun...

AŞKOLSUN

TASAVVUFTA TEVEKKÜL

Tasavvuf felsefesi, insanın işlerinde veya musibetler karşısında Allah'a güvenip sabretmesini tevekkül, teslim ve tefviz halleriyle derecelendirmiştir. Tevekkül halinde kişi, kendisinde kudret ve varlık görmez, ilahi vaade güvenir. Tevekkül, bir anlamda iradeyi terk etme niyetidir. Kulluk bilincinin göstergelerinden birisi olan tevekkül, kişinin psikolojik olarak ihtiyaç duyduğu bir duygudur. Kaldı ki insan sınırlı bir varlıktır. İnsanın bilgisi, iradesi ve gücü her şeye yetmez. Buna karşın o hep başarılı olmak ve amacına ulaşmak ister. Tevekkül, insanın zayıflığının, aciz içinde oluşunun farkında olarak, en yüce kudrete dayanmasıdır. Tedbiri terk edip takdire sarılmaktır. Tasavvufta tevekkülün dereceleri vardır demiştim. Avamın tevekkülü "kadere iman", havasın tevekkülü "takdire rızadır". Tevekkülde sebeplere sarılmak avamın işi, sebepleri terk etmek ise havasın işidir. Dolayısıyla tevekkülün en alt noktası iradeyi terktir diyebiliriz. Yakın duygusunun gerçekleşmesinden sonra kişi sebeplere sarılırsa, bu onun havassü'l-havas olduğunun alametidir. Ne olursa olsun, avam seviyesini geçmek sebepleri terk etmekten geçer. Ancak tasavvufta sebeplerin terki, kalbin sebeplere bağlılığının terki şeklinde yorumlanır.

Mevlana Celaleddin-i Rum.'nin (ö. 672/1273) tevekkül anlayışı da tasavvufi niteliktedir. O, bir yandan tembelliğe yol açmamak için ihtiyatlı ve gayretli olmayı tavsiye ederken, diğer yandan kaza ve kaderin ilahi tecelli olduğunu kaydetmek suretiyle, Allah'a tam bir teslimiyeti önerir. Asli ihtiyaçlarını terk eden ve Allah'a tam olarak teslim olan kimse tedbiri bırakır. Normal bir insanın tedbiri bırakması yanlış ise de "ehassu'l-havas" olarak adlandırılan zümreye dahil olanlar, kendi benliğini terk etmeli ve Allah'a tam tevekkül etmelidir. İnsanı işlerinde başarılı kılacak olan tedbir değil, Allah'a tam teslimiyettir. Çünkü kaderin anahtarı O'ndadır:

"Tedbirini unuttun mu
pirinden o taze bahtı
bulur, devlete erişirsin.
Kendini unuttun mu seni
anarlar... Kul oldun mu
azat ederler."[1]

Mevlana'nın anlayışında ilahi takdir son derece güçlüdür. Bu yüzden onun insanları mutlak anlamda tevekküle yönlendirdiğini görmekteyiz. Çünkü her şey Levh-i Mahfuz'da yazılmıştır ve kaderden kaçış yoktur. Eğer kaderde bir musibet varsa, bunu Allah'tan başka def edecek yoktur. Bu sebeple insan ancak Allah'a teslim olmalıdır.[2]

Esasen Mevlana'daki kaza ve kader vurgusu, insanı tembelliğe sevk eden bir teslimiyet değil, vesvese ve üzüntülerden ko-

1. Mevlana Celaleddin-i Rumi, *Mesnevî-i Şerif* (I-VI), y.y., ts., 3/ 3075. Beyit
2. Mevlana, *Mesnevî-i Şerif, 3/3070. Beyit.*

rumak için tavsiye edilen bir inançtır. Yoksa Mevlana'nın insanı sebepleri terk etmeye davet ettiği söylenemez. Bilakis, kaza ve kadere teslimiyet ile Allah'a tam bağlılığı öğütlerken, tevekkülün çalışma ve tedbirden sonra olması gerektiğini de zikreder.

Ebu Hamid el-Gazali'ye göre (505/1111) tevekkülün derecelerini avukat, anne ve gassal metaforuyla açıklar. Sırasıyla bu üç kimseye güvenmek ve işleri onlara teslim etmek, tevekkülün çeşitli derecelerine karşılık gelir.

Gazali'nin yaptığı derecelendirmede; birinci derecede "ilmin", ikinci derecede, "kurbun", üçüncü derecede ise "fenanın ve marifetin" tevekkül üzerinde etkili olduğu anlaşılmaktadır. Tevekkülün kemalinde; Allah'ın gücünü ve kudretini bilmenin, ibadetlerle ve taatla O'na yaklaşmanın, nefsin arzularını ve iradeyi terk ederek tamamen O'na teslim olmanın rolü görülmektedir. Üçüncü derecede, tedbirin ortadan kalkmasında fena halinde olmanın tesiri vardır. Bu derecede, tevekkülden de, masivanın dışındaki her şeyden de fena söz konusudur. Fena halinde, Allah'tan başkasına teveccüh etmek ve O'ndan başkasını murat etmek düşünülemez. Onun bu yaklaşımına benzer yorumu İbni Arabi'de (ö. 638/1240) de görmek mümkündür.[3]

İnsan "Allah'a tevekkül etmeliyiz" der, ancak tevekkül ederek tedbiri bırakması ve işini gücünü terk etmesi anlamına gelmez. Tevekkülü böyle anlayanları Hz. Peygamber, *"Sizler topluma yüksünüz"* şeklinde uyarmıştır. Bu yüzden başarıya ulaşmak için ilahi kanunlara uymak gerekir. İnsanın hiç çalışmadan Allah'tan rızık beklemesi, ilahi yasalara isyan gibidir. İnsan tabiatta her şeyin üstünde Allah'ın iradesinin ve kudretinin olduğunu bilerek önce Allah'a tevekkül edecek, sonra Allah'ın yarattığı sebeplere sarılacaktır. Tevekkülün en özel

3. Gökcan, *Tasavvufta Tevekkül Anlayışı*, 149

anlamı güvenmektir. Tevekkül, Allah'a güvenerek işe başlamak demektir. Her zaman *İsra Suresi 13. Ayet*'i hatırlayın:

Okunuşu: "Vekulle insânin elzemnâhu tâ-irahu fî 'unukih(i) (s) venuhricu lehu yevme-lkiyâmeti kitâben yelkâhu menşûrâ(n)."

Anlamı: Her insanın amel defterini boynuna doladık, kıyamet günü açılmış bulacağı kitabı önüne çıkarırız.

Unutmayın ki teslimiyet, tevekkül ve gayret sonucunda Allah hiçbir şekilde çaresiz bırakmaz. Ruhumuzun ve özümüzün ışığında gayretimizle üzerimizdeki miskinliği atarak, her daim işe koyulalım ve kendi irademizi Allah'ın iradesine teslim edelim.

Hiç unutma, "Ol der ve olur!"

Sözün bittiği yerdir ve kalemler durur. Azametinin tescilidir, satırlar kırılır, dökülür...

Kûn...

Sözün başladığı yerdir! Kalbimden geçenlerin kâğıda vurduğu, kalemimin lafzını haykırışa başladığı yerdir. "Ol der ve olur!" ya her şey...

Kelamıma "Ol!" dediği yerdir...

Bütün yasakların yasak olduğu, lafzının kelimelere büründüğü, her şeyin O'nun olduğu yerdir Kûn! "Olma"nın sorumluluğunu taşımaya başladığım an...

Varoluşumun sebebi ziyaretini tefekkür ettiğim zamandır...

Ve uçsuz bucaksız düşüncelerimi dizginlemeye çalıştığım, gözümün yaşını kelamımla sildiğim, semanın güzelliğinde O'nu fark edip de korkumu dindirdiğim yerdir, Kûn!

"Ol der ve olur!" ya, gem vurulamayan hissiyatın yaratılışı da vuku bulur!

Kûn. O'nun "Ol!" busesi hazin nağmelerini arza indirdiği vakit, yaşlarımla yanaklarımdan öptüğü busesi, benim yerimdir. Evvelim, ahirim, ezelim, ebedimdir.

Kûn!

Bir gün Ahmet Baba dedi ki:

İnsan, Allah'ın sıfatlarının bütünüdür. Bilinen 99 Esma her birimizde sonsuz hikmetiyle mevcuttur. Allah, kendindeki hangi isimler vasıtasıyla oluşacak manayı seyretmeyi dilediyse, bu irade edişi o şeyin olması demektir!

"Biz, herhangi bir şeyin olmasını dilersek, 'OL!' deriz, olur!"

Allah için, geçmiş ve gelecek gibi bir kavram söz konusu değildir!

Kendindeki hangi manayı oluşturmayı dilediyse, o manaya uygun sureti dilediği boyutta oluşturmuş ve o surette o manayı yaşamıştır...

Ve bütün bunlar, "ilminde" YARATILMIŞTIR!

Gerçekte, var olan tüm varlıklar, ancak ve sadece, ilim boyutunda ve "İSMEN" vardır.

Bunun dışındaki varlıkları ise, "yok"tan ve "hayal"den ibarettir!

İlim boyutunda varlarsa, bu da "var kabul edilişleri" itibariyledir!

Yani, varlıkları emanettir. Konulan isimler dolayısıyla, onların Allah dışında bir varlıkları varmış gibi kabul edilirler.

Oysa gerçekte sadece Allah vardır!

AŞKOLSUN

2. BÖLÜM

IŞIĞIN ŞİFA YOLU

Bu bölüme kadar ruhsal yolculuğunuzun başlangıcında sizlere anahtar olacak ana kavramdan bahsetmeye çalıştım. Işığın şifa yoluna girdiğiniz an sizin için arınma başlar, Tekâmülün ve teslimiyetin zevkine varamayan her varlık için süreç daimi *tekrardan* öteye gitmeyecektir. Onun içindir ki ruhsal uyanışınızın ve ilerleyişinizin belli başlı belirtilerini fark edebilmek, hayati önemdedir.

Şimdi bizleri uyanış esnasında değiştiren ve dönüştüren tepkimeleri yazalım isterim. Uyanış belirtilerinin en başında ani duygu değişimleri gelir, bir gün içerisinde dört mevsimi duygusal olarak yaşarsınız.

Hastalıklar bir anda ortaya çıkmaya başlayabilir. Bu hastalıklar için duygusal toksinleri temizleme yöntemi de diyebiliriz. Hastalıklar, sistemin uyarısıdır, sizin daha da saflaşmanız ve sadeleşmeniz için sizi bulurlar. Uyku düzeninize daha önce deneyimlemediğiniz şekilde değişir. Hatta üç saat uyumak, size günlerce uyumuş hissi verebilir. Vücut ısınızda anlık değişimler söz konusu olmaya başlar. Bir anda üşüme, terleme hissedebilirsiniz. Fiziki yapınızda değişiklikler başlar, ani kilo kaybı veyahut kilo alma gerçekleşebilir.

Alında bulunan üçüncü göz bölgesinde kaşınma, ağrı, şekil değişimi, kızarıklık, basınç ve hassasiyet hissedebilirsiniz. Başınızın üzerinde bıngıldak dediğimiz noktada ağrı, basınç ve aşırı karıncalanma hissedebilirsiniz. Bu durum tepe çakranın enerji akışından kaynaklanır. Yeme alışkanlıklarınız değişime uğramaya başlar. Özellikle hayvansal gıdalara karşı hassasiyetiniz yükselir ve duygusal anlamda kendinize travma yaşatmaya başlayabilirsiniz.

Gün ışığına çıktığınızda gözleriniz kamaşır, kâinatın tüm enerjisini, sanki tüm alanlarına, gözlerinizden çektiğinizi hissedersiniz, gözlerinizdeki bu hassasiyet sayesinde insanların, hayvanların, bitkilerin ve eşyaların auralarını görmeye başlayabilirsiniz.

İşitmede hassasiyet ve kulaklarda yoğun basınç başlar. Hatta bu tepkimeler içerisinde, sıklıkla sinyal sesleri, metalik sesler ve isminizin tekrarlandığını duyabilirsiniz. Vücudunuzda enerji değişiminden kaynaklanan ısı değişimleri başlar.

En büyük değişimi de sosyal çevrenizde yaşamaya başlarsınız. Sizin frekansınız yükseldikçe etrafınızdaki düşük frekanslı dostlarınız, aile fertleriniz hatta eşiniz dahi hayatınızdan çıkabilir. Duygusal anlamda fazlaca hassasiyetiniz olacağından her alanda her şeye fazlaca tepki vermeniz çok olası. Çünkü inanılmaz ölçüde empat birine dönüşmeye başlarsınız.

Sadeleşme ve yalnız kalma istekleriniz artar. Minimal yaşamaya özen göstermeye başlarsınız ve ağırlıklı olarak kendinizi doğayla baş başa bulursunuz.

Yalnız kaldığınız anlarda mutlaka meditasyon yapma ihtiyacı hissettiğiniz için, meditasyonlarınızda kendinize dair vizyonlamaya başladığınız her bir arzu hayatınızda olmaya başlar.

İçinizde spiritüel bilgilere karşı inanılmaz bir araştırma isteği uyanır. Beklemediğiniz her an karşınıza aradığınız bir soruya dair cevap gelir. Aradığınız cevabı, filmlerde, günlük sohbetlerde, bir yürüyüş esnasında karşınıza çıkan tabelada bile bulabilirsiniz.

Evrensel mesajlar her yerden önünüze çıkmaya başlar. Rakamlarla alakalı çok fazla eşzamanlılık yaşarsınız. Örneğin;

saatlerde, 11.11-12.12-13.13:-14.41-15.51 vs. ya da 11-22-333-4444-2552 gibi rakamlara daha fazla denk geldiğinizi fark edersiniz. Rakamların dili inanılmaz derin bir konu fakat kısaca şunu belirmek isterim ki; bazen koruyucu meleklerimiz bize rakamlarla mesaj verebiliyor ve yahut "batini olan zahire düştü" manasını çıkarabilirsiniz.

Şimdi benim canım dostlarım, artık uyanışınızın kolay olması için size naçizane önerim şu yönde olacak. Lütfen her neye başlamayı seçiyorsanız, niyetiniz arınmaya yönelik olsun.

Bir de bunca anlatıma yakışır bilgeliğin basamaklarından ve tekâmül etmiş insan nasıl olur yani spiritüel uyanıştan sonra neler oluyor kısaca onu da anlatalım ve şifaya doğru yolumuzu devam ettirelim.

Bilgelik yolunda yürümeye çalışan spiritüel insan olmak, belki de insanın hayatındaki en zor yollardan biridir. Çünkü erdemli insan olmayı, bilgelik basamaklarını çıkmak istemek, bunu hedeflemek bile bir aşamadır. İnsanın spiritüel doğasına uygun yaşamayı hedeflemesi, düzenli ve iradeli pratikler gerektirir.

Gerçek "Spiritüel İnsan", maddeye düşkünlüğünü, maddeye de manaya dengeli bir şekilde kıymet vererek dengeleyen, her ikisi için de gerekenleri belli bir ölçü içinde yapan kişidir. Doğasını yüksek yardımlaşma, paylaşma, fedakârlık, dostluk, hizmet aşkı ile yeni baştan düzenlemeye başlamış ya da düzenlemek isteyen ve kalbini, gönlünü insan sevgisiyle, Allah sevgisiyle ışıtan kişidir. Eşyanın hakikatine mazhar olandır.

Spiritüel insan, yıkıcı değil, yapıcıdır. Hak ve liyakat esaslarına göre hareket eden, düşünendir. Yarımın bütünden ne çok olduğunu bilir. Çalışkan, temiz ve bilgilidir. Çok okuyandır. Erdem ve ahlak onun temel meziyetleridir. Başkasının mutluluğu ile mutlu olabilmek meziyetini kazanmış, benmerkezci, kişisel haz ve isteklere doymuştur. Haksız çıkar elde etmeye yönelik duyguları körelmiş, yaptıklarının karşılığını öte dünyada alacağını bilen, art niyeti ve amacı olmayan ya da art niyetini fark ettiğinde bunu dengelemeye çalışan, aynayı başkasından evvel kendine çeviren, karşılıksız vermeyi öğrenmeye çalışan, bilgi ile sevme uygulaması yapan kişidir.

İyi insan, dürüst ve hak bilendir. "Doğruyu söyleyeni dokuz köyden kovarlar" özdeyişine uygun olarak, doğruluk yolunda, sayısız kötülük ve eğrilik köylerinden kovulmayı göze alabilir. Amacı, oraları terk etmek veya kaçmak değil, bu erdemlere ulaşmak için mücadele eden kişi olmaktır. Bilir ki: "Hidayet yalnızca Allah'tandır." Kendi acı da çekse, aynı düz ve doğru çizgide her ne pahasına olursa olsun durmayı başarandır.

Anlamsız bir hoşgörüye gerek olmadığını bildiği için, doğruluğun savaşçısıdır, fakat savaşı yakıp yıkmadan ve can yakmadan yaşayandır. Çünkü böylesine savaşmak, sürekli galip gelmenin biricik yoludur. Çünkü yenilemeyecek tek güç, ışık bilgelik ve sevgidir.

Seven, anlayan, hisseden, koruyan, kollayan, sahip çıkan, kendisine yapılmasını istemediği şeyleri asla başkasına yapmayan, soran, sorgulayan, araştıran, çokça okuyan ve öğrenmeye açık olandır. Yapılacak şey belli ve tek. İnsan olmaya, yüreğimizdeki sevgiyi, merhameti, şefkati, tevazuu artırmaya çalışmak.

Ruhunuzun olgunlaştığını veyahut spiritüel uyanışınızdan sonrasındaki hallerin tamamı bunlar diyemeyiz. İnsan nefsiyle mertebe yükseltmelidir. İnsanın miracı ilmiyle, öğrendikleriyle ve tatbik ettikleriyle olur. Günümüzde çoğu varlık uyanışını bu belirtilerden herhangi birinde zorlandığında maalesef ki gerçekleştiremiyor. Tavsiyem, her ne olursa olsun nötr olmaya gayret edin. Adeta duygularınız alınmış olsun. İyi-kötü, doğru-yanlış herhangi bir durum karşısında taraf olmaktan ziyade her şeyin olması gerektiği gibi olacağını bilerek durum ve olaylar karşısında tarafsız kalmaya çabalayın. Fakat yapılan haksızlıklar karşısında boynunuzu da bükmeyin, hakkınızın vicdan terazisiyle peşinde olun. Kalbinizin bilgeliğinden daima faydalanmayı seçin. Çünkü kalbimiz, beynimiz bizim en yüce, en öz bilgemizdir.

İnsanın iyi ve kötü yargıları arasındaki tarafsızlığını koruma savaşına bir örnek vermek isterim. Leonardo da Vinci, *Son Aksam Yemeği* isimli resmini yapmayı düşündüğünde büyük bir güçlükle karşılaştı.

İyiyi İsa'nın bedeninde, kötüyü de İsa'nın arkadaşı olan ve son akşam yemeğinde ona ihanet etmeye karar veren Yahuda'nın bedeninde tasvir etmek zorundaydı.

Resmi yarım bırakarak İsa ve Yahuda tasviri için model olarak kullanabileceği birilerini aramaya başladı. Bir gün bir koronun verdiği konser sırasında, korodakilerden birinin İsa tasvirine çok uyduğunu fark etti. Onu poz vermesi için atölyesine davet etti. O model üzerinden sayısız taslak ve eskiz çizdi.

Aradan üç yıl geçti. *Son Akşam Yemeği* neredeyse tamamlanmıştı, ancak Leonardo henüz Yahuda için kullanacağı modeli bulamamıştı.

Leonardo'nun çalıştığı kilisenin kardinali, resmi bir an önce bitirmesi için ressamı sıkıştırmaya başladı. Günlerce aradıktan sonra Leonardo; vaktinden önce yaşlanmış genç bir adam buldu. Paçavralar içindeki bu adam, sarhoşluktan kendinden geçmiş bir durumda kaldırım kenarına yığılmıştı. Leonardo, yardımcılarına adamı gönülsüz de olsa kiliseye taşımalarını söyledi. Çünkü artık taslak çizecek zamanı kalmamıştı. Kiliseye varınca yardımcılar adamı ayağa diktiler. Zavallı, başına gelenleri anlamamıştı. Leonardo kendi bakış açısına göre adamın yüzünde görülen inançsızlığı, günahı, bencilliği resme geçiriyordu.

Leonardo işini bitirdiğinde, sarhoşluğun etkisinden kurtulmuş olan adam; gözlerini açtı ve bu harika duvar resmini gördü. Şaşkınlık ve hüzün dolu bir sesle şöyle dedi:

"Ben bu resmi daha önce gördüm."

"Ne zaman?" diye sordu Leonardo da Vinci, o da şaşırmıştı.

"Üç yıl önce..." dedi adam. "Elimde avucumda olanı kaybetmeden önce. O sıralarda bir koroda şarkı söylüyordum. Pek çok hayalim vardı. Bir ressam beni İsa'nın yüzü için modellik yapmak üzere davet etmişti."

Kıssadan hisseyle İyi ve Kötü olanın yüzü aynıdır

Her şey insanın yoluna ne zaman çıktığına bağlıdır.

Bizler bize verilen sonsuz olasılıklar içerisinde daimi bir yol çizeriz. Üstelik *doğru-yanlış*, *iyi-kötü* ayırt etmeden yapıyoruz bunu ve sonucunda başımıza gelene öfke duyup isyan tuşuna basıyoruz. Bugün mutlak bilince sonsuz bağlı olarak niyet edelim, iyinin kötünün, doğrunun yanlışın farkındalık bilincimizle bütünleşmesini talep edelim. Buradan alacağımız yol kalbimizin bilgeliğine giden yoldur. Kalbimiz, zihnimiz gibi bilgeliğin kendisidir. Kalbimizde tıpkı beynimizdeki gibi sinir ağları mevcut ve direkt olarak duyu sistemimize tetiklemede bulunuyor. Kalbimizle beynimizin bağlantısını gerçekleştirmek mümkün iken stres dalga boyunun içerisinde kalıp, olumsuz duygu kalıplarına girişmek hiç akılcı değil değil mi?

Bugünden itibaren meditasyonlarımızda farkındalık çemberi oluşturalım, zihnimizin vızıltılarını susturalım ve tüm mutlak ve farkındalık bilincini kalbimize indirelim. Günlük yapacağınız zihin egzersizleri size inanılmaz kapılar açacaktır.

Beynimizi kalbimize uyumlayalım ve kendi içimizdeki mucizeye tanık olalım. Her ne talep ediyorsak çoktan gerçekleşmiş gibi davranalım, şükür ve duayla.

Kalbimizin bilgeliğine uyanmaya AŞKOLSUN...

AŞKOLSUN

ŞİFA NEDİR? ŞİFACI NEDİR?

Şifa; deva demektir. Şifa; insanın sıhhat bulması, iyilik bulması anlamındadır. Şifa; hayati tüm alanlardaki farkındalık, iyileşme, çözümleme, kısırdöngüyü kırma, blokajı temizlemeyi sağlamadır. Kişinin bilmediği bir sorunsalı yüzeye çıkarmak da şifa olacağı gibi evvelde yazdığımız üzere farkındalık da her alanda hakikatli bir şifalanmayı sağlayacaktır. Şifa konusu yalnızca insan ile sınırlı olmamakta, dünya, hayvan, bitki, çiçek, ağaç vs. her şeyi kapsamaktadır. Evrensel şifa kaynağı Allah'ın nurundan akar. Kuran-ı Azimüşşan'da şifayı Allah'tan talep edebileceğimiz ayetler bizlere bildirilmiştir. Hakikate çehremizi döndüğümüzde Kuran-ı Azimüşşan baştan aşağı şifadır. Hakiki şifa verici Allah'tır. Çünkü Cenab-ı Hakk'ın eş-Şafi ismi, sıfat-ı şerifi mevcuttur. Ve bütün şifalar da Cenab-ı Hakk'ın "Ya Şafi" dediğimiz isminden tecelli etmektedir.

Kuran-ı Kerim'de bulunan şifa ayetleri; sağlık için dua, şifa için dua, hasta duası, hastalara şifa duası arayanlar için en etkili şifa dualarıdır. Aynı zamanda hayati tüm alanlardaki farkındalık, iyileşme, çözümleme, kısırdöngüyü kırmak için de niyeti ve Allah'a niyazı yapılarak istifade edilebilir.

Tevbe Suresi, 14. Ayet

Okunuşu: *"...Ve yeşfi sudûra kavmin mu'minîn. (mu'minîne)."*

Anlamı: "Allah, mümin bir topluluğun kalplerine şifa versin/gönüllerini ferahlatsın!" (et-Tevbe, 14)

Yunus Suresi, 57. Ayet

Okunuşu: *"...Ve şifâun limâ fîs sudûri. (sudûrin)."*

Anlamı: "...Gönüllerdeki dertlere şifâdır..." (Yunus, 57)

Nahl Suresi, 69. Ayet

Okunuşu: *"...Yahrucu min butûnihâ şarâbun muhtelifun elvânuhu fîhi şifâun lin nâs(nâsi), inne fî zâlike le âyeten li kavmin yetefekkerûn. (yetefekkerûne)...*

Anlamı: "...Onların (arıların) karınlarından renkleri çeşitli bir şerbet (bal) çıkar ki, onda insanlar için şifâ vardır..." (en-Nahl, 69)

İsra Suresi, 82. Ayet

Okunuşu: *"Ve nunezzilu minel kur'âni mâ huve şifâun ve rahmetun lil mu'minîne (mu'minîn)..."*

Anlamı: "Biz, Kuran'dan öyle bir şey indiriyoruz ki o, müminler için şifa ve rahmettir..." (el-İsra, 82)

Şuara Suresi, 80. Ayet

Okunuşu: *"Ve izâ maridtu fe huve yeşfîni."*

Anlamı: "Hastalandığım zaman bana şifa veren O'dur." (eş-Şuara, 80)

Fussilet Suresi, 44. Ayet

Okunuşu: *"Kul huve lillezîne âmenû huden ve şifâun (şifâ')..."*

Anlamı: "...De ki: O, (Kuran) inananlar için doğru yolu gösteren bir kılavuzdur ve şifadır..." (Fussilet, 44)

Enfal Suresi 9. Ayet

اِذْ تَسْتَغِيثُونَ رَبَّكُمْ فَاسْتَجَابَ لَكُمْ اَنّ۪ي مُمِدُّكُمْ بِاَلْفٍ مِنَ الْمَلٰٓئِكَةِ مُرْدِف۪ينَ

Okunuşu: *"İż testeğîśûne rabbekum festecâbe lekum ennî mumiddukum bi-elfin mine-lmelâ-iketi murdifîn(e)."*

Anlamı: O vakit siz Rabb'inizden yardım diliyordunuz. O da: "Ben işte art arda bin melekle size yardım ediyorum" diye duanızı kabul buyurmuştu.

Ayetlerden anlaşılacağı üzere insanlar, dertleri ve sıkıntıları için Allah'a dua ettikleri zaman Allah da onların imdadına melekleri ile yetişmektedir. Baş meleklerden yardım talep etmek Allah'ın izniyle mümkündür. Melek sözlükte, "haberci, elçi, güç ve kuvvet" gibi anlamlara gelir. Bunlar, Allah'ın emriyle çeşitli görevleri yerine getiren, yaratılış gayesine uygun olarak faaliyet gösteren, gözle görülmeyen nurani ve ruhani varlıklardır. Yüce Allah melekleri nurdan, cinleri ateşten ve insanı topraktan yaratmıştır. Meleklerin yaratılması insandan öncedir. (Bakara, 2/30)

Baş melek İsrafil, "Allah'ın iyileştirici eli" demektir. Evrensel şifa sisteminde baş melek İsrafil, sağlık ve huzur veren en güçlü şifacı melektir. Ondan; her türlü fiziksel ve ruhsal şifa, hem kendiniz için hem de hayvanlar için hatta tüm evrende yaşayan, canlı ve cansız her şey için yardım isteyebilirsiniz. Aura rengi zümrüt yeşilidir.

Evrensel şifayla kalbin bütünlüğü inanılmaz önemlidir. Gelmiş geçmiş tüm peygamberler, günümüzün ve geçmişin dünyaca ünlü âlimleri ve bilgeleri bizlere defaten "kalp gözüyle görmeyi" öğrenmemizi söyler.

"Dünya gözü ile bakan,
yüzü; gönül gözü ile bakan,
özü görür..."

– Hz. Mevlana

Dünyanın bütün spiritüel üstatlarının bize şimdiye kadar öğrettikleri, "İnanç çeker, şüphe iter" gerçeği artık daha derin, en önemlisi de daha bilimsel bir boyut kazanıyor. Öze ulaşma arzumuzu da artırıyor. Hayatımızda köklü yenilikler yapmak için gerekli güç sadece sağlam bir inançta mevcuttur. İnandığımız her şey gerçekleşecektir. Çünkü bu inanç kalbimizden yayılan ölçülebilir en büyük enerjiye sahiptir. Onun için her şeyden evvel kalbimizdeki inancı büyüterek şifaya niyet edelim.

Burada bir ayrıma değinmek isterim. Şifacılık ile şifa kanallığı birbirinden farklı konulardır. Şifa kanalcısı bir yerden bir yere şifayı sağlamak için enerji aktaran kişidir. Şifacı ise Allah'ın "Ya Şafi" esmasının insan formunda tecelli etmiş halidir. Bu kişi şifanın kendisidir. Yalnızca şifa çalışması yapan kişi değildir. Aynı zamanda bilgi de aktaran, konuşması ile de şifalandırabilen kişidir. Şifa kanalcısının kendisi şifa değildir, şifaya kanal olur.

Şifacı, ruhunu, kalbini, beynini ve ellerini bir araya getirmeye, aurasının yayılmasını birleştirmeye çalışmalıdır. Böylece varlığı, hastanın ruh yaşamını besleyebilir. Şifacı, yaşamının saflığıyla manyetik saflığa ulaşmalıdır. Şifacı, iradeyi kademeli tutmalıdır. Kullanılması gereken irade değil, aşktır. Şifacı, kalbini geçmiş, gönül kapısını açmıştır. Aşkın istilasına uğramıştır. Ne yaparsa yapsın aşk ile yapacaktır.

Bilinen en büyük şifacıya Hazreti İsa örnek verilebilir. Hazreti İsa, İsrailoğullarına gönderilmiş olan peygamberlerin sonuncu olanıdır. 5 büyük peygamberden biri olan Hazreti İsa, Kudüs'te dünyaya gelmiştir. İslam kaynaklarına göre Hazreti İsa, Hazreti Meryem'in Allah'ın takdiri ile hamile kalmasından sonra doğmuştur.

İsrailoğulları olarak bilinen kavme gönderilmiştir. Peygamberlik sıfatını 30 yaşında alan Hazreti İsa, İncil kitabının elçisidir. Hazreti İsa, henüz 33 yaşında iken diri biçimde göğe yükselmiştir. Her peygamberin olduğu gibi Hazreti İsa'nın da bazı mucizeleri bulunur. İslam kaynaklarının belirttiklerine göre Hazreti İsa'nın toplamda 9 mucizesi olduğu belirtilir. Bu mucizelerine, etrafındaki havariler ve pek çok kişi şahit olmuştur. Mucizelerine örnek olarak şunlar gösterilebilir:

- Henüz beşikteyken konuşmaya başlamıştır.
- Dört ölüyü dirilttiği için bir mucizesi de ölüleri diriltmesiydi.
- Kör olanların görmelerini sağlardı.
- Kavminin sakladıklarını ve yediklerinin yerlerini bilirdi.
- Allah'a dua ettiğinde üzerinde etlerin olduğu sofralar indirirdi.
- İstediğinde dua ederek o anda canının istediği yemekleri önünde bulurdu.

- Yahudiler kendisinden uzak oldukları halde, onların sırlarına ve sakladıkları şeylere vâkıf olurdu. Kendisinden bir şey saklanması mümkün olmazdı.
- Çamurdan kuş yaparak canlanmasını sağlayabilirdi.
- Uykudayken yanında olup bitenlerin tümünü bilirdi.

Günümüze döndüğümüzde, evrensel şifa enerjisiyle neler yapılır dediğimizde "ilim ve bilim" birleşmesini görebiliriz.

AŞKOLSUN

HERKES BİR ŞİFACIDIR

Ruh, beden, zihin dengesi bizlere, kendimizi ve başkalarını şifalama gücü verir. Ruh, beden, zihin bütünlüğü hayatımızın her noktasında rol oynuyor. Bütünlüğün bozulmasının hayatımıza yansıması, aksaklıklara, tıkanıklıklara, özsaygımızın bozulmasına, değerlerimizin yitirilmesine, zihnimizin karışıklığına ve bedensel sağlığımızın yitirilmesine kadar pek çok durumda görülür. Bu demek oluyor ki ruh, beden, zihin üçlüsünün kombinasyonunu farkındalığımızda keşfedeceğiz ve yaratımlarımızın sonsuz olasılıklar dahilinde tüm veçhemizle bütünleşmesini sağlayacağız.

Ruhumuz; bizim özümüz, merkezimiz, değer sistemimizle ve ilahi kaynakla bağlantımızdır. Ruhumuzun arınmışlığı ve sükûneti bu ölçüde çok kıymetlidir. Çünkü ne kadar ilahi kaynakla bağlantımız güçlenirse, o kadar saflaşmış ve nötrleşmiş şekilde yaşamaya devam ederiz. Hayatımızdaki altın anahtarlardan biri ruhumuzdur ve dengesi hayati önem taşır.

Zihnimiz; düşünen, yargılayan, karar veren, mantık yürüten yanımızdır. Farkında olmadan arzu, istek, dürtü ve duygularımızın depolandığı, bunlara bağlı olarak da alışkanlıklarımızın, davranış kalıplarımızın, inançlarımızın bağlı olduğu yerdir.

Zihnimizi anda tutamadığımız zaman kavram çatışması yaşamaya başlarız.

Bedenimiz; dayanıklılık, esneklik, güç merkezimizdir. Dengeli bir yaşam için gereken en önemli şeyler, doğru besin almak, yeteri kadar dinlenmek ve düzenli olarak egzersiz yapmaktır.

Ruhumuzun, zihnimizin ve bedenimizin bize vermek istediği tüm güzel ve pozitif sonsuz olasılıklar dahilindeki enerjilere uyum içinde farkında olarak hatta farkındalığımızın farkında olarak kolaylıkla ulaşabiliriz. Kendi kendimizin şifacısı olarak ruh, beden, zihin gereksinimlerinin her birinin farkında olmayı seçelim. Mucize biziz.

AŞKOLSUN

KÂİNATIN EVRENSEL ŞİFACISI OLMAK

Bizler birbirinden ayrı varlıklar değiliz, aynı bütünün parçalarını oluşturuyoruz. Varlıklardan birine etki eden bir şey, diğerlerine de etki eder. Bütün düşünceler, davranışlar, sözler, yaptığımız tüm iyilik ve kötülükler, geri kalan tüm evreni etkileyen enerji şekilleridir.

Enerjinin formunu anlamak gerekiyor. Nereye nasıl müdahale ettiğimizi kesinlikle bilmeliyiz. Enerjiyi tanımadan özünü bilemeden yönlendirmek neredeyse mümkün değil çünkü hepimizin özü enerji, gördüğümüz madde. İlerleyen sayfalarda enerjiye dair detaylı bilgiler bulacaksınız.

Hepimiz birer şifacıyız. Allah, hepimize kendimizi yenileyebilecek, mevcut negatif hallerimizi dönüştürebilecek gücü kuvveti ilmek ilmek nakşetmiştir.

Kimisi bu şifa enerjisine bolluk der, kimisi sağlığıma şifa der, kimisi derdime deva der. Fakat unutulmamalı ki bizim zaman algımızla 7/24 durmaksızın Allah'ın sonsuz şifası enerji haliyle akar. Bedeninizi bir şişe gibi düşünün, ırmağın altında kapağınız kapalı kalırsa akan sonsuz şifayı, rahmeti, bereketi alamazsınız. Farkındalığımızı geliştirerek o ırmağın altında kapağımız açık kalalım ve durmadan dolup taşalım.

Gel gelelim kâinatın şifacısı olmak ne demek konusuna.

Şifacıların en belirgin özelliği, vücutlarının birçok frekansa ve enerjiye karşı oldukça duyarlı olmasıdır. Enerjilerini dışarı vurma kabiliyetleri ve empati olguları gelişmiş olup, aynı zamanda, başkalarına yardım etme arzusu duyan insanlardır. Ancak, bahşedilmiş bu duyguları geliştirmek için, karar kılınmış ne bir yol ne de herhangi bir teori vardır. Şifa verici özellikler taşıdığınıza inanıyorsanız, hayattaki yerinizin neresi olduğunu belirlemeniz gerekecektir. Neyse ki konu şifa verme ve iyileştirmeyse sizin için bir şeyleri başlatmak çok zaman almayacaktır. Evrendeki her canlı sağlıklı ve mutlu olmak ister, yapmamız gereken tek şey kendimizi ve güçlerimizi unutmamaktır.

Şifacıların belirgin, ortak özellikleri vardır. Bu özelliklerden birkaçı ya da birçoğu sizde varsa kendinizi Yaradan'ın ilmine adamanızı öneririm. Başa dönüp arınmayı seçmeyle başlayabilirsiniz.

- İnsanlar sizinle zaman geçirmenin veya sizinle aynı ortamda bulunmanın ne kadar rahatlatıcı ve huzur verici olduğundan bahsederler.
- Sizinle fiziksel olarak yakın mesafede olan insanlar nadiren hastalanır.
- Daima başka insanların hayatlarına ne yönde katkı sağlayıp geliştirebileceğinizi düşünürsünüz.
- Kaygı bozukluğu, panik bozukluk ve duygu durum bozukluğu gibi tanılar taşıyor olabilirsiniz.
- Empati duygunuz çok gelişmiştir ve insanları anlamak için daima empati kurarsınız.
- Atalarınızda veya ailenizde bir şifacılık geçmişi vardır.
- Toplumsal ve sosyal ortamlarda yüreğinizin pır pır ettiğini hissedersiniz.

- Hayvanlarla aranızda kuvvetli bir bağ vardır. Etrafınızdaki hayvanlar sizi görünce mutlu olduklarını hissettirirler.
- Tanımadığınız insanlar size hayat hikâyelerini anlatır.
- Masaj yapma konusunda eğitimsiz olsanız bile oldukça yeteneklisinizdir.
- Boyun ve omuz ağrıları çekiyor olabilirsiniz.
- Dışarıda vakit geçirmekten hoşlanırsınız.
- Kristallerin ve doğal taşların metafiziksel özellikleri ilginizi çeker.
- Enerji şifalandırma, Şamanizm, akupunktur ve buna benzer spiritüel tedavilere ilgi duyarsınız.
- Algılarınızın, diğer insanlara kıyasla daha açık olmasından ve yüksek bir farkındalığa sahip olmanızdan dolayı bazı yiyecek ve içecekler konusunda hassas olabilir ve alerjik reaksiyonlar gösterebilirsiniz.
- Bazen bir anda vücudunuza titremeler geldiğini, sıcaklığın yayıldığını ve avuç içlerinizin bile titrediğini hissediyor olabilirsiniz.

Yolunuz daimi aşk ve ışık olsun...

ŞİFA OLSUN

KOŞULSUZ SEVGİ VERMEK

Varoluştan bugüne neredeyse tüm ruhsal öğretiler, hatta dinler temelde tek kaynağa bağlıdır. Gelmiş geçmiş tüm peygamberler ve ruhsal öğretmenler bu kaynağı "sevgi" olarak tanımlar ve "kâinatın anahtarı" derler.

Sevgi, ruhsal yaşamımızın anahtarıdır. Koşulsuz sevgi, karşılıksız sevgidir ve en güzel örnekleme ise bir annenin evladına duyduğu sevgidir. Hiçbir anne, "Ben, çocuğuma şöyle sevgi vereyim, şöyle emek vereyim de, o da vakti gelince benim şu ihtiyacımı karşılasın" deyip, gelecekteki çıkarları doğrultusunda evladına bakmaz, sevgi aktarmaz.

Sevgi, kâinatın özüdür, yaratılış sebebidir. Kendimizi sevgi dilinden uzaklaşmış yakalarsak, farkında olalım ki negatif tüm süreç başlamıştır. Ne kadar verirseniz, karşılığı sizi bulacaktır. Zihninizin bağlantısını kalbe giden hat üzerine yapmaya gayret edin. Kötülükler karşısında sevgi dilinden vazgeçmeyin.

Sevgi kâinatın diliyse, o dilde tüm olumsuzluklara karşı kullanın. Sevginin olduğu yerde rekabet olmaz, negatif duygu ve düşünceler olmaz, bilirsiniz ki verdiğinizi alacaksınız. Hiç kimseden karşılık beklemeyin sevginizi vermek için ve bundan kaçınmayın. Sevginin gücünü hafife almayın. Sevgi inanılmaz güçlüdür ve her şeyi ama her şeyi iyileştirecek potansiyele sahiptir. Kâinatın sevgi diliyle "Hoş geldin" diyebilmektir, hayatı yaşanılası kılan.

Hastalandığımız zaman hep şikâyet ederiz ya da başımıza olumsuz bir olay geldiğinde söylenmeye başlarız. Bu söylenme belki de yaptığımız en büyük hata. Çünkü biz, negatif söylemlerle şikâyet ettikçe o alandaki negatif enerjiyi büyütürüz. Bunun aksine her ne oluyorsa, her ne yaşandıysa, ağrılarımıza, hastalığımıza yani kısacası derdimize "Hoş geldin" diyebilmeliyiz.

Derdimiz ne kadar büyükse, şikâyet etmek yerine işte o muhteşem altın anahtarı "kâinatın dilini, sevgiyi" kullanmalıyız. Sevin, hastalığınızı, karanlık taraflarınızı, başınıza gelen olayları, dertlerinizi ve tasalarınızı sevin. Gelene "Hoş geldin" deyin ve bakın bakalım size öğretmek istediği ne? Tekâmülünüzdeki rolü ne? Derslerinizi alabildiniz mi? Ruhunuzdan, tüm benliğinizden koşulsuz sevgiyi akıtmayı ihmal etmeyin. Çünkü siz ne kadar sevgi gönderirseniz evren sizin için o kadar çalışacak ve gönderdiğiniz sevgiyi büyüterek sizin hayatınıza geri döndürecektir. Böylelikle hayatınızdaki tüm tıkanıklıklarınız sevgiyle açılır.

Sevgi neydi?

Sevgi, emekti. "Bakarsan bağ, bakmazsan dağ olur" atasözünün hayatımızda yer bulmasıydı. Şefkatle, merhametle yapılan her şeyde ve gidilen her yolda sevgi merkez noktadır. Sevgi, koşulsuz her ne durumda olursak olalım yardıma koşabilmekti.

Sevgi, güvendi. En yakından en uzağa güven duygusunu hissedebilmek, "Biliyorum, her koşulda yanımda" diyebilmekti.

Sevgi, tevazuydu. Merhametin, güvenin ve yardımseverliğin olduğu yerde tevazu sahibi olmak erdemliği beraberinde getirecekti zaten. Koşulsuz sevgiye daha istikrarlı yürürken her bir duygumuz ilmek ilmek Yüce Allah'ımız tarafından işleniyor ne âlâ değil mi?

Sevgi, hoşgörüydü. Olana olmayana, gelene gidene, verilene verilmeyene her koşulda hoşgörülü olabilmekti. Öfkeden uzak kalabilmek adına kalbindeki sevgi kapısını açınca muhteşem hoşgörü duygusu da bedenleniyor seninle, fark et.

Sevgi, iyimserlikti. Yine her durumda koşulsuz şartsız iyilikten, iyi düşünmekten vazgeçmemekti. Sana yol gösterene sırt çevirmemekti, "İyilikten maraz doğar" cümlesini hiç etmekti.

Sevgi, cömertlikti. Koşulsuz, kendinden evvel yaratılanı düşünerek yapacağın her şey elbette karşılık bulacaktı. Komşun açken tok yatmamanın sırrı vardı, aslında burada da. Cebindeki parayı düşünerek hareket edersen, paylaşmazsan evrensel kurallar sebebiyle evren de sana cömert olmayacaktı. İlkönce vereceksin, cömert olacaksın ki evren de sana cömert olsun.

"Allah'ın rızasını kazanmak istiyorsan onu gözetmelisin, Allah'ın sevgisini talep ediyorsan, sevmelisin."

Koşulsuz şartsız yaratılan her şeyi mikrodan makroya her bir yaratılanı sevmek!

Neden biliyor musun? Yaradan var etti. ALLAH yarattı.

Koşulsuz sevmelisin, koşulsuz yardımsever olmalısın, koşulsuz cömert olmalısın, koşulsuz tevazu göstermelisin, koşulsuz merhamet etmelisin, koşulsuz emek vermelisin, koşulsuz hoşgörülü olmalısın. Tüm bunlar bizim fıtratımız.

Allah'a yakınlık istiyorsan, bilmelisin işte! La ilahe illallah! Ne demek? Sadece "Allah'tan başka ilah yoktur"dan daha fazlası var burada. Tüm kâinat, denge üzerine kuruludur. Sen ise kendi yaşam alanındaki dengeden mesulsün.

Sen koşulsuz sevgiye geçince emin ol ki Allah'ın koşulsuz var ettiği her şey sana oluk oluk gelecek.

3. BÖLÜM

ENERJİ ALANLARI

Çoğu insana göre geçmişten bugüne kalıpların içerisinde her şeyi madde gözüyle görürüz ve kavrarız. Daha derini görmeye başlayan becerikli ve hassas göz, maddenin arkasındaki enerjiyi tamamen görebilir. Enerji alanlarını ve enerji bedenlerini tanımak ışığın şifa yolunda en bilinmesi gerekendir. Enerjiyi bilmez ve tanımaz isek enerji boyutlarında karşılaşacağımız birçok şeye yabancı oluruz.

Enerjiyi biraz derinlemesine konuşalım.

İçinde var olduğumuz bu dünya, "enerji" dünyasıdır. Enerji tarafsızdır ve enerji canlı cansız her şeydedir. Dünyadaki insanlar, enerji ağının bir parçasıdır. Tıpkı beynimizdeki nöron ağları gibi. Bizim enerji bedenimiz, dünyanın enerji bedeninin parçasıdır ve durmaksızın devreler karşılıklı aktarım içerisindedir.

1905'te Albert Einstein, Newton yasalarını yıkan izafiyet teorisini açıkladı. Albert Einstein'ın yayımlandığı izafiyet teorisi, o dönemde bir devrim yaratmıştı. Bu teoriye göre, uzay üçboyutlu değildir. Zaman da uzaydan ayrı bir kavram değildir.

Uzay ve zaman, birbirine sıkı sıkıya bağlıdır ve dört boyutlu bir evreni oluştururlar. Bu durumda, Einstein'a göre, zaman doğrusal değil, görecelidir. Zaman ve uzay, bir doğa olayının oluşması için belirlenmiş iki partnerden başka bir şey değildir. Kurama göre, bütün varlıklar ve varlığın fiziki olayları izafidir. Zaman, mekân, hareket, birbirlerinden bağımsız değildirler. Aksine bunların hepsi birbirine bağlı izafi olaylardır.

Modern bilim de günümüzde insan organizmasının sadece moleküllerden oluşan fiziksel bir yapı olmadığını, evrende olduğu gibi bir enerji alanına sahip olduğunu onaylar.

"Enerji" kelimesi Grekçe "energia" ("hareketli kuvvet") kelimesinden gelir. Bu kuvvet, evrendeki varlıklar arasında temel ve evrensel bağı oluşturur. Bizi canlandıran ve bizi hareketlendiren bir enerji var, aynı enerji, basit şekilde ampulün yanmasını ya da bir ekran üzerinde görüntünün oluşmasını da sağlıyor. Bütün bunlar enerji şekilleridir. Fakat enerji tam olarak nedir?

Einstein'ın izafiyet teorisine geri dönelim. Kurama göre, enerjiyle madde, birbirinin yerini alabilir. Madde, hareketini yavaşlatarak kendini gösteren enerji olduğuna göre, cansız varlıkların görünürdeki katı formu, bir enerji şeklinden başka bir şey değildir. Vücutlarımız "enerji"dir.

Bunun sonucunda, kütle veya maddenin kesin olarak belirli bir yerde var olmayıp, var olma "eğilimi" gösterdiği sonucuna varılır... Bütün parçacıklar, başka parçacıklara, kimyasal olarak çevrilebilirler. Bir enerji tarafından üretilip, yine aynı enerjide yok edilebilirler. Enerjinin sabit bir dönüşüm olması yanında, süregiden bir hareket olduğunu da unutmamak gerekiyor. Örneğin; elimizde tuttuğumuz bir topun potansiyel enerjisi bulunmaktadır. Ancak topu elimizden bıraktığımız andan itibaren yere düşerken kinetik (hareket) enerjiye dönüşür.

Bizim için de aynı şey geçerli. Biz de enerjiden oluşuyoruz. Bize katı bir kütle gibi görünen vücutlarımız, sürekli hareket halindeki çok miktardaki enerji parçacıklarından başka bir şey değildir. Dünyamıza doğrusal olmayan bir gözle baktığımızda, biz dahil çevremizdeki her şeyin, enerjiden oluştuğunu ve bu enerjinin tam bir bütün oluşturmak için, birbirine içten bağlı olduğunu görürüz.

AŞKOLSUN

AURA

"Aura" kelimesi, kökeni olan Yunan dilinde "soluk" anlamındadır... Aslında çoğumuz, auranın varlığını yaklaşık 10 dakika içinde anlayabiliriz. Böylece siz de, bu bölümün sonunda bulunan alıştırmalar sayesinde, kendi auranızı ve çevrenizde yer alan insanların, hayvanların, bitkilerin hatta eşyaların auralarını da algılayabileceksiniz. Evrensel enerji alanı (aura), yüzyıllar boyunca gözlemlenmiş ve araştırılmıştır. Her uygarlık ona ayrı bir isim vermiştir ama gözlemler, temel özelliklerinin aynı olduğunu gösterir.

Aura bedeni çevreleyen elektromanyetik enerji alanıdır. İnsan, hayvan ve bitkilerin etrafını da çevrelemektedir. Aura tüm duygu, düşünce, anıların, davranış kalıplarının bulunduğu yerdir. Evrensel enerjiyi vücudumuza alarak yaşamımızın devamını sağlayan çakralarımız auramızdan aldığımız enerji ile beslenir. Aura aynı zamanda bedenimizin etrafında bir koruyucu kılıf oluşturur. Auramızın güçlü ve sağlıklı olması fizik, ruh ve zihin sağlığımız açısından önemlidir. Aura alanımıza kısaca "EMA" diyebiliriz.

İdeal olarak aura, ahenkli yuvarlak ve dengeli bir şekilde olmalıdır. Aura yırtıkları, büyüklüğü ve darlığı, aura delikleri, aura içerisinde koyu benekler, oyuklar ve başka stresli bölgeler mevcutsa bu durum fiziksel ve ruhsal hastalıklara neden olur.

Bunun yanı sıra ruhsal, zihinsel ve duygusal sağlığımız açısından da auramızın sağlıklı ve güçlü olması gerekmektedir. Aura, birden çok katmandan oluşmuştur. Bu konuda araştırmacılar arasında çeşitli görüş ayrılıkları olsa da 7 katmanlı aurada, 4 ana katman bulunduğu konusunda fikir birliği vardır.

Bu katmanlar eterik beden, duygusal ya da astral beden, zihinsel beden ve ruhsal ya da etkin bedendir. Bu katmanların her birinin kendine özgü özellikleri ve işlevleri vardır.

İnsanoğlu, algılama sistemindeki sınırlamalardan dolayı, fiziksel duyularla hissettiği, akılla kavrayabildiği ve zihninde resimsel hale getirebildiği, maddi dünyayı ve fizik bedeni, var olan tek gerçeklik olarak görür ve tanımlar.

Bu algılama ve tanımlama alışkanlığı, evrensel varoluşu ve bütünlüğü oluşturan madde-enerji yapılanmasında, enerjinin göz ardı edilmesine neden olarak, insanoğlunu büyük bir yanılgıya düşürür. Fizik yasalarınca da belirlendiği gibi, madde-enerji bütünlüğü evrende hiçbir zaman kaybolmaz, sadece farklı şekil ve yapılara dönüşerek, sürekli bir varoluş içerisinde yerini alır.

Madde bedenin görünüşü ardındaki aktif potansiyel, tüm işlevleri ve yetenekleriyle, bedenin, onsuz var olamayacağı karmaşık bir enerji sisteminden oluşur. Bu sistem çeşitli yapılardan meydana gelir:

- Enerji Bedenler
- Çakra Enerji Merkezleri
- Enerji Kanalları, Yolları (Nadiler)

Bu sistem içerisinde enerji kanalları gizli ve duyarlı bir damar ağı sistemine benzer. Enerji kanallarının görevi, evrensel yaşam enerjisini, enerji bedenler ve madde bedene ulaştırarak sisteme sokmaktır.

Evrensel yaşam enerjisi, mutlak enerjiyi, tüm enerji şekillerinin ilk kaynağını temsil eder ve çeşitli titreşimlerde, kendini gösterir. Örneğin; hava bu ifade şekillerindendir ve yaşam enerjisini alma yollarından biridir.

Yaşayan her varlığın bilinç düzeyi, alınabilen ve saklanabilen evrensel yaşam enerjisinin frekanslarına bağlıdır. Hayvanların, insanlardan daha düşük titreşimleri vardır.

Amerikalı bilimadamı Dr. David Hawkins (1927-2012) frekanslar ve frekansların bilinç düzeylerinde etkisi üzerine çok sayıda araştırma yapmış ve ortaya "Hawkins bilinç haritası" olarak adlandırılan tabloyu çıkarmıştır. Yaptığı deneylerde, yüksek frekanslı duygu ve düşüncelerin düşük frekanslı olanlardan daha güçlü ve etkili olduğunu, en yüksek frekansa ulaşmış bir bilincin düşük frekanslı 70 milyon bilinci dengelediğini klinik olarak kanıtlamış ve *Power vs Force - An Anatomy of Consciousness* (Güç Kuvvete Karşı - Bilincin Anatomisi) adlı kitabında detaylı olarak anlatmıştır.

Yayımlanan haritaya göre:

Bilinç Haritası

İlahi	Dünyevi	Seviye	Ölçüm Sonucu	Duygu	Süreç
Kendi Var olmak	Aydınlanma	↑	700-1000	Tarifsiz	Saf bilinç
Bütün	Mükemmel Huzur	↑	600	Mutluluk	Aydınlanma
Bir	Tam Neşe	↑	540	Sükûnet	Değişim
Seven	İyi Sevgi	↑	500	Saygı	Esinlenme

İlahi	Dünyevi	Seviye	Ölçüm Sonucu	Duygu	Süreç
Bilge	Anlamlı Mantık	↑	400	Anlayış	Soyutluk
Merhametli	Uyumlu Kabul	↑	350	Affetme	Aşma
İlham verici	Umutlu İstekli	↑	310	Optimist	Niyet
İmkân veren	Doyurucu Nötr	↑	250	Güven	Bırakma
İzin veren	Yapılabilir Cesaret	↕	200	Olumlama	Güç kazanma
Kayıtsız	Talepkâr Gurur	↓	175	Küçümseme	Şişinme
İntikamcı	Düşmanca Öfke	↓	150	Nefret	Saldırganlık
Reddetme	Hayal kırıklığı İhtiras	↓	125	Muhtaç	Kölelik
Cezalandırıcı	Korkunç Korku	↓	100	Anksiyete	Vazgeçme
Kibirli	Trajik Keder	↓	75	Pişmanlık	Umutsuzluk
Kınayan	Umutsuz Hissiz	↓	50	Çaresiz	Hareketsiz
Kindar	Şeytani Suçluluk	↓	30	Suçlama	Yıkım
Hor gören	Zavallı Utanç	↓	20	Aşağılanma	Yok oluş

Yapılan araştırmalar 200'ün altında olan duyguların, düşüncelerin, kişiyi ve çevresini zayıflattığını, yorduğunu, aşağıya çektiğini ortaya çıkarmıştır. Ayrıca bireylerden herhangi birinin bilinç frekansı yükseldiğinde, çok sayıda düşük frekanslı bilinci etkileyip dengeleme sağladığı sonucuna ulaşılmıştır.

Tablo şöyle:

300 seviyesindeki bir kişinin 200'ün altındaki 90.000 kişiyi,

400 seviyesindeki bir kişinin 200'ün altındaki 400.000 kişiyi,

500 seviyesindeki bir kişinin 200'ün altındaki 750.000 kişiyi,

600 seviyesindeki bir kişinin 200'ün altındaki 10 milyon kişiyi,

700 seviyesindeki bir kişinin ise 200'ün altındaki 70 milyon kişiyi dengelediği görülmüş.

Yapılan araştırmalar ve sonuç teyitleri yıllar sürmüş ve yüz binlerce denek üzerinde çalışılmıştır.

Hawkins, insanlığın %85'inin 200'ün altında titreştiğini, son dönemde insanlığın ortalama farkındalık seviyesinin 204'e ulaştığını, yani negatif-pozitif sınırını aştığını, ancak insanın anlamlı bir şekilde tatmininin 250'nin altında gerçekleşemediğini yazmaktadır.

Bireyler gibi, toplumların, kültürlerin, coğrafyaların da titreşim seviyeleri vardır. Bu titreşimler, o alanda yaşayan insanlar, bitkiler, toprak, hava, eşyalar, binalar vs. tarafından oluşturmaktadır. 200'ün altındaki enerji alanları, açlık, kıtlık ve hastalıkların çok yaşandığı, cahillik ve işsizliğin çok olduğu, ilkel şartlara sahip ortamlardır. Tatmin edici bir yaşam 250'lerde başlamaktadır. 300'lerde teknolojik ve ekonomik olarak çok gelişmiş bir toplum mümkün olmakta, 400'lerde ise yüksek bir eğitim, bilgi, kültür ve sanat seviyesi yaşanacaktır. 500, başka bir büyük sıçramanın gerçekleştiği bir eşiktir. 500'lerin sonlarında toplum artık spiritüel bir toplum haline gelmektedir. 600, bütün topluma şefkat ve sevginin hâkim olduğu, bütün eylemleri sevginin yönlendirdiği bir seviyedir.

Şimdi tablonun 200'ün altında kalan ve 200'ün üstünde kalan kısımlarına tekrar göz atalım. Sonra dönüp içimize, düşüncelerimize, sözlerimize, dualarımıza bakalım. Biz acaba bu tablonun neresindeyiz? Yaşadığımız yeri, mahalleyi, kenti, ülkeyi, dünyayı iyileştirmek için bizim üzerimize düşen nedir? İçimizdeki şifacıyla etrafımızı güzelleştirmek ne kadar önemli?

Enerji bedenler, enerji yolları ve çakralar aracılığı ile birbirleriyle bağlantılıdır. Çakralar, yaşam enerjisinin çeşitli şekillerini alarak, dönüştürür ve sisteme dağıtırlar. Çakralar, yaşam enerjisini süptil enerji bölgelerinden, çevreden, evrenden ve tüm enerji yapılarından alırlar. Fizik beden ile enerji bedenlerimizin beslenmesi ve gelişmesi için gerekli olan frekanslara dönüştürürler. Bu işlemle beraber, çevrelerine de enerji verirler. Böylesine bir enerji sistemi ile insanlar; çevreyle, evrenle, yaratılışın farklı düzeylerindeki güçlerle sürekli bir alışveriş içindedirler. Etrafımıza yaydığımız frekansın ne denli önemli olduğunu görmezden gelmemeliyiz.

İnsan yapılanmasında çeşitli enerji beden etkinlikleri vardır ve bu bedenlerin kendilerine özgü temel titreşim frekansları bulunur. Fizik bedene en yakın olan eterik beden en düşük frekansla titreşir. Astral ve zihinsel bedenler daha yüksek frekansta ve ruhsal beden en yüksek frekansta titreşir. Bu bedenlerin her biri, kendi frekans sınırları içinde bir enerji hareketine sahiptir. İnsan geliştikçe buna bağlı olarak frekansları da yükselir. Bu bedenler, kendi titreşim düzeylerinin bilincini taşırlar. Frekanslar yükseldikçe insan, evrensel yaşam enerjisinin, hislerin ve farkındalığın daha yüksek şekillerine ulaşır. Enerji bedenler, birbirinden ayrı değillerdir. Her biri farklı frekanslarda titreşirlerken, aynı zamanda birbirleri içinde de yayılırlar.

AŞKOLSUN

ETERİK BEDEN

Eterik beden, şekil ve boyut olarak fiziksel bedene benzer. Adeta fiziksel bedenin üzerine giyilmiş ve ona bire bir uyan bir elbise gibidir. Çakralar bu alanda bulunurlar ve auranın üst katmanlarından gelen enerjileri bedene alma işlevi görürler. Organizmanın enerji ihtiyacı tam olarak karşılanmışsa, eterik beden aşırı enerjiyi çakralardan ve deri gözeneklerinden dışarıya verir. Eterik bedenin temel işlevi fiziksel bedenin sağlıklı kalmasını sağlamak ve onu evrensel enerji alanı ile bağlantıda tutmaktır. Sağlıklı bir insanda genişliği 5-15 cm kadardır. Hastalık, yorgunluk ve stres gibi durumlarda eterik bedenin genişliği azalır.

Fiziksel bedenin, yaşamsal yaratıcı enerjisini ve fiziksel duyularını şekillendiren güçler burada bulunur. Eterik beden Yaşam Enerjisi'ni "Solar Pleksus" çakrası yoluyla güneşten ve "kök" çakra yoluyla da dünyadan alır. Bu enerjileri saklayarak, çakralar ve enerji kanalları ile, fiziksel bedene akan sürekli akımları besler. Bu iki enerji şekli, hücrelerdeki yaşam dengesini kurarlar.

Eterik beden, fiziksel organizmanın ihtiyacından fazla olan enerjiyi de çakralardan ve deri gözeneklerinden dışarı verir. Gözeneklerden çıkan enerji akımı 5-15 cm kadar uzakta durur ve auranın bir parçası olan eterik beden aurasını oluşturur.

Bu enerji, fizik bedeni bir kalkan gibi sararak hastalık yapıcı mikropların, zararlı maddelerin bedene girmesini engeller ve aynı zamanda çevreye sürekli yaşam enerjisi yayar.

Normalde, elle tutulamayan ve gözle görülemeyen bu koruyucu kalkan, bedenlerimizin dış etkiler nedeni ile değil, içsel nedenler ile hastalandığını gösterir. Bedenin doğal ihtiyaçları ve doğal bütünlükle paralel olmayan bir yaşam tarzı, alışkanlıklar ile birlikte, olumsuz duygu ve düşünceler, eterik yaşam gücünü harcayarak, enerji bütünlüğünün kuvvetini ve yoğunluğunu azaltır.

Böylece zayıf aura ile birlikte, bedenden çıkan enerji akımları eğrileşir, gedikler ve çatlaklar oluşur. Böylesi bir durumda da, yaşamsal enerji çatlaklardan dışarıya sızabilir. Hastalıklar, fiziksel bedende daha etkinlik sağlamadan, eterik auradaki bu bozulmalar görülerek tespit edilip, tanımlanarak tedavi edilebilirler.

Eterik beden ve fizik beden, zihinsel bedenden kaynaklanan düşünce formlarına çok güçlü reaksiyonlar verirler. Bu nedenle pozitif düşünce, sağlık üzerinde çok etkindir. Eterik beden bir başka işlevinde de, yüksek enerji formları ile fizik beden arasında aracılık yapar, fiziksel duyularımızla aldığımız bilgileri, astral ve zihinsel bedenlere iletir, böylece yüksek enerji formlardan fizik bedene enerji ve bilgi aktarır. Eterik beden zayıfladığında, kişinin enerji ve bilgi iletimi bozularak, zihinsel ilgisizlik, dengesizlik oluşur.

Bir kişinin eterik bedenine bakılarak sağlık durumu hakkında bilgi sahibi olunabilir. Eterik beden fiziksel bedeni koruyucu bir tabaka gibi kuşatır ve zararlı maddelerin bedene girmesine izin vermez. Eterik beden aynı zamanda dış dünyaya yaşam enerjisi saçar.

Eterik bedeni sağlıklı ve güçlü olan insanlara yaklaştığınızda siz de kendinizi olumlu ve pozitif hissedersiniz. Eterik bedene, sağlık bedeni de demek mümkündür. Hastalıklar vücutta ortaya çıkmadan önce bu katmanda ortaya çıkarlar ve profesyonel biri sadece eterik bedene bakarak kişinin sağlık durumu hakkında bilgi sahibi olabilir. Sağlıklı bir yaşam için eterik bedenin güçlü ve sağlıklı olması şarttır. Eterik bedeni zayıflamış biri hastalıklara açık bir durumdadır.

Eterik bedenin önemli bir işlevi de yüksek enerji bedenleri ile fizik beden arasında aracılık yapmasıdır. Bu da eterik bedenin sağlığını kaybetmesi durumunda duygusal, zihinsel ve astral aura katmanları ile kişinin bağlantısının zayıflayacağı anlamına gelmektedir. Bu durum birçok psikolojik sorunun yanı sıra önemli kişilik bozuklukları, depresyon hatta intihar eğilimini gündeme getirebilir.

İnsanların yanı sıra hayvanların ve bitkilerin de eterik bedenleri bulunmaktadır. Bir organı kopmuş bir insanın eterik bedeni her zaman o organ varmış gibi görünecektir. Aynı şekilde bir bitkinin yaprağını kesip, Kirlian makinesiyle resmini çektiğinizde sanki yaprak tammış gibi görürsünüz. Bu da eterik bedenin bir bütün olduğunu ve sonradan ortaya çıkan kayıplardan etkilenmediğini göstermektedir. Kişinin hafızasında bacağına ilişkin imgeler oldukça, eterik bedende o bacak kesilmiş olsa bile yer alacaktır. Eterik bedeni doğru anlamak ve eterik bedeninizin güçlenmesi için çalışmalar yapmak sağlık açısından çok önemlidir.

AŞKOLSUN

DUYGU BEDEN

Eterik bedenin üstünde bulunan ve siyahımsı yapıya sahip olan bir katmandır. Gökkuşağının tüm renklerinin var olduğu duygusal bedenin o anki rengi kişinin duygusal durumuna göre değişkenlik gösterebilir. Zihinsel bedenden gelen üst düzey enerjiler duygusal bedene ulaşır ve burada bir değişimden geçerek zihinsel bedene iletilir. Kişinin duygusal yapısı bu katmanla ilgilidir. Üst katmanlardan gelen enerjiler burada duygusal anlamlar kazanır ve kişiye özel duygusal süzgeçten geçtikten sonra anlam kazanarak eterik bedene aktarılır.

Duygulardaki tüm iniş çıkışlar, duygu beden tarafından auraya yayılır. Duygusal aura sürekli hareket halindedir, duygusal beden bu nedenle tüm anlık duyguları yansıtır. Duygu beden, kararsız duygular, bilinçli veya bilinçsiz korku ve saldırganlıkların yanı sıra, yalnızlık, terk edilmişlik, özgüven eksikliği, kaygı, endişe, vesvese ve benzeri duyguları saklayarak taşır.

Bu titreşimler, duygusal aura aracılığı ile dış dünyaya gönderdiğimiz kişisel mesajlarımızı oluştururlar. Dışarı gönderilen enerji titreşimleri, benzeri tarzdaki titreşimleri çekerek onlarla birleşir, yoğunlaşır ve daha etkin, daha büyük bir enerji yoğunluğu oluşturur.

Bu sayede, çevremiz, bilinç ve bilinçaltından geçirdiğimiz bütün yönleri bize gösteren bir ayna görevi yapar.

Duygu bedendeki kararsız duygular hep aktif-canlı kalmak ve çoğalmak isterler. Böylece kişiyi, özgün duygusal bir tekrarını oluşturmaya iterler. Çünkü bu duygular artık zihinde kalıplaşmış olan duyguların beslenme kaynağıdırlar.

Kişi, içinde kararsız korkular taşıyorsa, bu korkuyu taşıyan ve destekleyen koşul ve titreşimleri kendine çekecektir. Kişi dışa reaksiyonel olarak yansıtmasa bile, içinde saldırganlık hislerini taşıyorsa, bu sayede taşıdığı ve yaydığı titreşimler, bir özel frekans-düzlemden sinyal olarak yayınlanır. Bu yayın, bir anons vazifesi görürcesine çevredeki aynı bant üzerinden yayın yapan diğer frekansları kendi üzerine çekerek toplar ve kişi tekrar tekrar, öfke ve saldırganlıklarını dışa vuran varlık ve olaylarla karşılaşır.

Enerjilerin bu işleyiş şekliyle olumlu ya da olumsuz yönlerde titreşimsel olarak yoğunlaşmış ortamlar yaratır, çevreyi ve içindeki varlıkları kirletir, adeta bir virüs bulaştırır veya tersine temizleriz.

Bireylerde görülen ruhsal tıkanmalar, aynı tarzda toplumda da kendini göstermeye başlar, kararsız duygulardan meydana gelen bu titreşimler, toplumsal bir özellik kazanır. Son 20 yıldaki dünya toplumunda, çeşitli alanlardaki birlikteliklerin bozulmasında görülen yüksek orandaki artış, böylesi bir etkileşmeden payını almıştır.

Bir insan, bilinçli şekilde sevgi ve hoşgörü için çabalayıp, bilinçsizce zıt duygu frekansları yayıyor veya özgüvende eksikliklerin olduğu titreşimler yayıyorsa, bilinçli hedefe ulaşımı zorlaşacak veya engellenecektir.

Astral beden, eğer duygusal sorunlar çözülmemişse, süregelen "Tekâmüler Süreç"te bu tıkanıklıkları, eksikleri taşıyacaktır.

Astral bedende saklanan, yaşayan çözülmemiş deneyimler, tekrarlanmak üzere yaşam koşullarını ve olayları etkilemeye devam edecektir.

Yaradılış şeklimizi ve enerji yapılarımızın işleyişini anladığımızda, kendimizi kurban olarak görmek ya da kendi zayıflık ve çaresizliklerimizden, diğer insanlar ve çevremizi sorumlu tutmak gibi bir yanılgıya düşmeden, toparlanmalı ve bu duruma son verme çaba ve çalışmalarını yoğunlaştırmalıyız.

Farkındalık kendi içinde düşündürücü bir özgürlük enerjisini temsil eder. Çünkü şimdi farkındalığımızla gördük ki kaderimiz büyük ölçüde kendi elimizdedir ve artık kendimizi değiştirerek, yaşamımızı da değiştirebiliriz.

AŞKOLSUN

ZİHİN BEDEN

Zihin beden, duygu bedeninin bitiminde başlar ve astral bedene kadar uzanır. Genelde rengi sarıdır. Fikirlerimizin yapısını barındırır ve düşünce formları bu bedende görülebilir.

Hastalıklarımızın büyük bir çoğunluğu zihinsel bedenimizden kaynaklanmaktadır. Tüm hastalıkların zihinsel nedenlerinin olduğu artık birçok araştırmacı ve modern tıp tarafından da ortaya konmuştur.

Zihinsel bedenin en önemli özelliği güçlü olduğu zaman kişinin başka insanların etkisi altında kalmaması ve özgür iradesiyle kendi kararlarını verebilmesidir. Zihinsel beden zayıfladığında ise, kişi kararsızlık halindedir ve sürekli başka insanların etkisinde kalarak yaşamına devam eder. "Başkaları ne der?" mantığını sürekli öne süren ve yaşamını başkalarının ne düşüneceğine göre planlayan bir kişinin zihinsel bedeni son derece sağlıksızdır.

Olumsuz düşünceleri elemek ve yerlerine olumlu düşünceler yerleştirmek de zihinsel bedenin en önemli işlevidir. Düşüncelerimizin yaşamımızı hangi boyutlarda etkilediğini gözümüzün önüne getirdiğimizde zihinsel bedenimizin önemini daha iyi anlayabiliriz. Hastalıkların önce zihinsel bedende oluşması ve daha alt bedenlerden fiziksel bedenimize geçmesi de zihinsel bedenin önemini bir kez daha vurgulamaktadır.

Düşünceleri, yorumları, akılcı ve sezgisel algıları zihinsel beden oluşturur. Zihinsel beden frekansı, eterik ve duygu bedenden daha yüksek, yapısı da daha az yoğundur.

Farkındalık ne kadar derinse, zihinsel bedenin renkleri de o kadar açık ve yoğun olur. Duygu beden gibi zihinsel bedende de yüksek ve alçak oktavlar vardır. Birçok insanın tek gerçeklik olduğuna inandığı, akıl ve mantık sırası izleyen, düşünce-zihin yapısı, aslında alçak frekansları ifade eder.

Bu tarzdaki zihinsel aktiviteler, fiziksel düzeydeki algılara bağlıdır. Bilgiler fiziksel beden ve duyular ile zihinsel bedene alınır, oradan da eterik beden yoluyla duygu bedene ulaştırılır. Astral beden alınan bilgileri, duygulara çevirerek zihinsel bedene gönderir. Zihinsel beden de bu duyguları düşüncelere uyarlar.

Astral beden ve çözümlenmemiş duygu kalıpları, bilgiyi çarpıtarak yanlı düşünceler haline sokar. Dünyadaki değerlendirme sistemimizde kullandığımız tekrarlanan düşünce kalıpları, bu şekilde ortaya çıkar.

Akılcı zihin, hiçbir zaman yansız ve nötr olamaz. Bu şekilde işleyen bir zihinsel bedende ortaya çıkan düşünceler, genellikle kişisel mutluluk ve dünyevi sorunlarla ilgi düzeyinde kalır.

Zihinsel bedenin işlevi, giderek artan sorunlara akılcı çözüm bulma şekline dönüşür. Tabii ki bu durum, öz yapılanmanın çarpıtılması ve yeteneklerin sınırlı kalması sonucunu oluşturur.

Zihinsel bedenin asıl görevi, ruhsal beden düzleminde, akılcı zihinle bütünleşerek, evrensel gerçeği yakalamaktır. Yakalanan bu gerçeklerle, evrensel gerçeğe uyum sağlanır. Varlığın ruhsal düzleminden getirilen bu bilgi kendini, önce sezgi ve anlık içgörüler şeklinde, hayal veya ses olarak gösterir, ardından sözlü düşüncelere çevrilir, içgörü kazanılmasını sağlar.

Bu gerçeklik, akılcı zihinden kaynaklanan lineer anlayışın aksine, holografiktir. Üçüncü göz ile taç çakrası arasındaki bağlantı yoluyla, zihinsel bedenin yüksek derecelerine ulaşılır. Zihinsel beden bir kez geliştikten sonra ruhsal bedenin "AYNA"sı olarak, yüksek benliğin bilgeliğinin farkına varır.

AŞKOLSUN

ASTRAL BEDEN

Astral bedenimizin titreşimi diğer bedenlere göre çok daha yüksektir ve algılanması da diğer bedenlere göre daha zordur. Evrensel enerjiler astral bedenimizden auramıza girerler ve burada bir değişime tabi tutularak zihinsel bedene aktarılırlar. Astral bedende ortaya çıkan bir sorun er geç daha alt bedenlere ve oradan da fiziksel bedene yansıyacaktır.

Astral beden kişinin bütün ile bağlantısını simgeler. Bütünle bağlantısı güçlü olan bir insanın ruhsal bedeni sağlıklı olacak ve evrensel enerjiyi en iyi şekilde alarak diğer katmanlara ulaştıracaktır. Bu evrensel enerji zihinsel katmanda bir değişimden geçecek, duygusal katmanda daha farklı bir yapıya bürünecek ve en son eterik bedenden çakralar vasıtasıyla fiziksel bedene geçerek kişinin yaşam enerjisi haline gelecektir. Ancak bunun için öncelikle astral bedenin sağlıklı olması gerekmektedir.

Astral bedenin genişliği kişinin ruhsal gelişimiyle doğru orantılıdır. Ruhsal olarak gelişmiş bir kişinin astral bedeni çok uzaklara ulaşabilir. Astral beden kendi yapısına en uygun olan enerjileri alır ve alt bedenlere iletir. Astral bedenin gelişimi ile alınan enerjinin kalitesinde de değişiklik olacaktır ve bu kişinin tüm yaşamını etkileyecektir.

Ruhsal açıdan gelişmiş olan insanların yanında huzur, sükûnet hisleri duymamız ya da bu kişilerin şifa enerjisi dağıtmaları ruhsal bedenlerinin canlı, parlak ve güçlü olmasıyla ilişkilendirilir. Uyanmış bir ruhsal bilincin aurası, kusursuz bir ovallikte kilometrelerce öteye yayılabilir. Ruhsal beden aracılığı ile içsel birlik ve bütünlüğü yaşarız. Yaratılışın temeli olan ilahi kaynak ile bütünleşiriz. Bu düzleme ulaştığımızda, yaratılışta var olan her şeyin içinde olur, içine girebiliriz. Kişi, dünyevi, astral, zihinsel frekans düzlemlerin gerektirdiği bilinç evrelerini aşmış olsa bile ölümsüz olan ruhsal beden dışındaki tüm bedenler giderek zaman düzleminde çözülürler.

Varoluşumuzun kaynağını, hedefini ve yaşamımızın amacını, yalnızca ruhsal beden yoluyla tanımlayabiliriz. Kendimizi onun titreşimlerine açtığımızda, yaşamımız yeni bir solukla zenginleşir, tin nefes almaya başlar. Tüm eylemlerimiz, yüksek benlikten doğar. Yüksek benliğin, özümüzün tam donanımlı olduğunu söyleyebiliriz. Özün doğal özellikleri sevgi, mutluluk, hoşgörü, yardımsever olmak, bilgelik ve hakikatin yansımasını oluşturur. Yaratılışımız, yaratılışın titreşim ve kanunları, renk ve şekilleri, koku ve sesleri ile sonsuz bir düzende yer alır, kendini gösterir. Sonsuz düzen içerinde her şeyle birbirimize bağlıyız ve bütünün birer parçasıyız.

DURU GÖRÜ VE AURA GÖRME EGZERSİZİ

Duru görü yeteneğiniz geliştikçe fiziksel gözlerinizin farklı şeyleri de görmeye başladığına şahit olabilirsiniz. Cansız cisimlerin çevrelerine verdikleri bir ışınım vardır, bunları görebilirsiniz. Ama asıl önemli olan, bitkilerin, hayvanların ve insanların çevrelerindeki bioenerjetik alanı yani auraları da görmeye başlayabilirsiniz.

Her insanın aurası onun ruhsal olgunluk seviyesiyle bağlantılı bir titreşimsel özelliğe sahiptir. Ruhsal olgunluk arttıkça vücudumuzdan yayılan bu enerjinin kalitesi de yükselmektedir. Duru görü medyumları bu farkı derhal hissederler. Çünkü bu enerji alanı farklı renklerde ışınımlarla kendisini duru görü medyumlarına hissettirir.

Örneğin; sinirlerine engel olamayan, asabi ve egoist kişilerde bu enerjinin ışıması kırmızı renklerde görülürken tam tersi yapıya sahip kendine güvenli sakin ve ruhsal anlamda olgun kişilerde auraları mavi ve menekşe moruna yakın renklere dönüşür.

Ruhsal olgunluk arttıkça özellikle baş hizasında bu enerjiler altın sarısına dönüşür ve büyük bir parlaklıkla ışımaya başlarlar. (Eski dönemlerde, azizlerin ya da peygamberlerin başlarının hemen üstündeki altın rengindeki hale bunun ifadesidir.) Duru görü medyumları bu auraları rahatlıkla görebilirler.

Işığı karartılmış loş bir odada büyükçe bir aynanın önüne geçerek hafifçe gevşeyin ve gözlerinizi başınızın üstüne odaklayın. Gözlerinizi hafif kısın ve sabırla hep aynı noktaya bakın. Belli bir süre sonra, ilk başta sise benzeyen bu enerjileri görmeye başlayabilirsiniz. Aynı denemenin bir benzerini ellerinizi açıp siyah bir zemin üstünde parmaklarınıza ve parmak aralarınıza da konsantre olarak yapabilirsiniz.

AŞKOLSUN

ÇAKRA

Çakra merkezleri evrensel yaşam enerjisi pranayı özümser ve bedene dağıtır. Evrensel yaşam enerjisi, bedenimize çakra merkezleri aracılığı ile girebilir. Her bir çakra merkezi farklı bir enerjinin bedene giriş kapısıdır. Bu nedenle çakralar dengesini kaybettiğinde bizim için gerekli olan enerji bedene giremez, dolayısıyla fiziksel ve psikolojik dengesizlikler ve hastalıklar baş gösterir. Her bir çakra merkezinin temel bir ilkesi vardır. Ayrıca her çakra belli bir duygu ile bağlantılıdır. Çakralar, insan enerji sistemi içinde, korkudan doğan engellere en duyarlı enerji merkezleridir. Buralarda oluşan bir aksama ve engel, enerji kanalları boyunca yayılır, yaşam enerjilerinin serbestçe akıp, çeşitli bedenlerimize, "BİR"liğin bilincini yansıtmaları için gerekli enerjilerin sağlanmasını engeller.

Ayrılık, yalnız kalma, içsel boşluk duyguları, çeşitli kaygılar ve ölüm korkusu, yalnız kendi içimizde bulabileceğimizi, dış dünyada aramamıza neden olur. Bu durumda, başkalarının sevgi ve takdirine, fiziksel ve düşünsel tutkularımıza, başarıya ve maddesel varlıklara bağımlılaşarak, asıl olanın sevgi ve takdirini unutmamızı sağlayarak, içimizdeki boşluğu bu arayışlarla doldurmaya çalışırız.

Hepimizin bir diğerinin parçası olduğunu, "BİR"in bütünlüğünde olduğumuzu unuturuz. Yaratılan şeyleri ve çevremizdeki insanları seveceğimize, onları rakipler ve hatta düşmanlar olarak görürüz. Sonunda kendimizi korumamız, belli insanlar, koşullar ve bilgilerle karşı karşıya gelmememiz gerektiğini hissettiğimiz bir duruma ulaşırız. En nihayetinde varacağımız sonuç, korku ve kaygı dolu hisler ile önyargılarımıza kapılıp, yalnızlaşarak, çakralarımızın dengesini kaybedip, küçülmesine sebep olmaktır.

Çevremizdeki insanların ya da grupların takdir ve onayına o kadar güçlü ihtiyaç hissediyoruz ki asıl kökümüzün, Bir'in, Bütün'ün, "YARADAN"ın, takdirini, onayını ve sevgisini unutarak, insanların, toplumun ve kendimizin yapay beklentilerine karşılık verebilmek için, yaşamımızı ve isteklerimizi bastırarak değiştirebiliyoruz. İçten gelen duygularımızı ve evrensel olgu ve oluşların yönlendirmelerini bastırıyoruz.

Farkında olmadan çakralarımızı sıkıştırıyoruz. Böylelikle söz konusu ilgili çakranın enerjisi tutulmuş oluyor. Enerjiler özgün biçimleriyle yayılmadıkları zaman bozulup, çıkmaya çalışırlar ve bir şekilde çıkarlar, güçlü ve genellikle olumsuz duygular ve aşırı bir aktivite ile dışarı verilirler.

Bireysel sistemimizde engellemeler sonucu bozulan ve giderek yoğunlaşarak bir patlama ile tekrar serbest hale gelen bu negatif enerji yok olmaz ve serbest salınımından dolayı, var olduğumuz alanda aktivitesini sürdürür, kozmik alanı kaplayarak bir virüs gibi diğer yaratılmış birimlere, insanlara sızmak ve bulaşmak üzere aktivitesine devam eder. "Her şey aslına döner ilkesi" gereği, o enerji tekrar tekrar çeşitli zamanlarda kendisini üreten reaktöre yani bireye geri dönüşler, saldırılar yapar.

Çakra engellemelerinde, giderek bozulan, yoğunlaşan bir negatif "YİN" enerjisi, sistemdeki tüm enerjinin alıkonması şeklinde kendini gösterebilir. Sistemdeki enerji akışını tamamen durdurabilir, çünkü enerjinin dolaşımı ve yukarı çıkması için sağlıklı dönüşümü ve paylaşımı için hiçbir olanak sağlanmamıştır.

Sonuç; yetersiz yaşam enerjisi ve zarar görmüş çakranın zayıflamasıdır. Engellenen ve bozulan çakra işlevlerinin sonuçları ve aşırı yüklenmenin etkileri, birey bütünlüğüne ve evrensel bütünlük bazında diğer bireysel bütünlüklere verilen zarardır.

Bireydeki sıkışmalar, mikro düzeyden makro düzeye ulaşan patlamalar halinde kendini gösterirken, aynılık ve bütünlük esası gereği diğer birimlere yansıması ve reaksiyonel bir zincir oluşturarak, aktivitesini devam ettiren bir enerji akışı halini alır.

Kadim öğretilerde 88.000 çakradan, 72.000 ila 350.000 nadiden söz edilir. Bu sistemde nadiler bir tür gizli ve duyarlı damar ağına benzer. Nadi terimi Sanskritçedir ve boru, damar anlamına gelir. Bir nadinin işlevi, pranayı ya da yaşam enerjisini insanın sübtil enerji sistemine iletmektir. Ana yedi temel çakrayla bütünleşmiş olmak yaşam kalitemizi ve farkındalığımızı üst seviyeye taşıyacak en önemli kanallar. Şöyle bir madde görüntümüzün arkasına geçtiğimizde ne kadar yoğun enerji kanal ve hatlarımızın olduğunu düşünebiliriz. Bahsettiğimiz 88.000 çakradan sadece 40 tanesi ikincil önemli işlevlere sahiptir ve ana çakralar gibi enerji alan görebilen kişiler dahi görmekte zorlanacağı kadar küçüktür. Biz, yedi ana çakra sistemi üzerinden gidip, bedenin, zihnin ve ruhun en önemli temel anlatımıyla açıklamaya çalışacağız.

Unutmayın ki çakralar her daim devinim halindedir ve sürekli bir dönüş sergiler, bunun için Sanskritçe "tekerlek" anlamına çakra denmiştir. Bilinenin üzerine farklı şunu belirtmeliyim ki cinsiyete bağlı olarak dönüş yönleri de farklılık gösterir. Kadınlarda saat yönünün tersi, erkeklerde ise saat yönünde dönüşleri vardır. Bu farklılığın sebebi, kadın/erkek enerji farklılığından kaynaklanır. Burada şunu anlatmadan geçmek istemiyorum. Bir erkekte enerji kontrolü, çakra dengeleme yaparken çakra dönüşünü ters yönde alıyorsanız o kişinin çakrası dişil yönde çalışıyordur. Eril ve dişil dengeleme yapılması muhakkaktır. Çiftlerde ise bu dönüşler karşılıklı olarak birbirlerini tamamlama yönünde etki eder. Her saat yönü dönüş eril enerjiyi, her ters yön dönüş dişil enerjiyi temsil ediyor. Şöyle bir örnekle tamamlayayım bu konuyu; örneğin sağa doğru dönen eril kök çakrası kişide maddi ve köklenme ve hâkimiyet güdüsü içerdiğinden, sola doğru dönen dişi kök çakra, merkezden çıkan saf yenileme ve yaşam gücünü verirken kadını daha çekici ve alıcı yapar.

Unutulmaması gereken önemli noktalardan biri de çakraların çevresel tüm frekanslardan uygun olan titreşimleri alabilmesi. Enerji titreşimleriyle evrensel yasalar gereği derhal uyum başlatır ve uygun durumdaki yaşamı ya da duygu durumunu çekmeye başlarız.

Yedi ana çakrayı siz kıymetli dostlara aktarmaya başlamadan evvel sadece hap bilgi olarak kabul edeceğiniz çakraların enerji bedeninizin nefes alma noktaları olduğunu hiçbir zaman unutmayın. Ne kadar doğru nefesi verirseniz sizin için evrensel etki-tepki ve çekim yasası gereği ihtiyacınız olan her kaynağı size ulaştıracaktır. Yedi çakranın temel ilkeleri vardır.

KÖK ÇAKRA

1. Çakra: Kök

Pozisyon: Kuyruksokumu ve kasık kemiği arasında

Renk: Canlı Kırmızı (Bayrak Kırmızısı)

Enerji: Fiziksel enerji, yaşama arzusu, hayatta kalma sorunları, barınak, yiyecek, para

Fiziksel Organlar: Hücresel dayanıklılık, hücrelerden geçen enerji, yaşam gücü, omurilik ve böbrekler, bağışıklık sistemi

Kristaller: Kırmızı jasper, gamet, kan taşı, hematit, dumanlı kuvars, siyah turmalin, siyah obsidiyen, gri jasper, kırmızı kaplan gözü, kar tanesi obsidiyen

Uçucu Yağlar: Paçuli, ylang ylang, sedir ağacı, sandal ağacı, buhur, servi, mür

Kök Çakrayı Besleyen Yiyecekler: Çilek, ahududu, elma, nar, domates, kırmızıturp, pancar

Kırmızı Rengin Şifası: Duygularımızı ve tutkularımızı harekete geçirir. Dalga boyu yüksek, titreşimi kısadır. Canlandırıcı bir etkisi vardır. Motivasyonu, enerji, coşku ve yaşama sevincini, sıcaklık ve aşk duygularını, kan basıncını ve vücut ısısını harekete geçirir. Fiziksel enerji, güç, cesaret, dayanıklılık, cinsel güç, bedensel güç, dayanıklılık konularında çok etkilidir.

Genel Bakış

Kuyruksokumunun tam ucundaki bu çakra dünyevi işler müdürüdür. Enerjisi dünya elementine dayanmaktadır. İyi çalışan bir kök çakrayla dünyaya sağlam bir şekilde kök salarız. Fırtınalarda uçup gitmemek, hızlı değişimlere uyum sağlamak, hayattaki haklarımızı sahiplenmek ve maddi kazanımlar bu çakradaki enerjinin dengeli olması ile mümkündür. Fazla çalışan kök çakra maddiyata düşkünlük, zayıf kök çarka ise maddi zafiyet ve bu dünyaya ait hissedememe ile ilişkilidir. Başlıca niteliği masumiyettir. Temel yaşam fonksiyonlarını sürdürme açısından bu çakra çok önemlidir. Kök çakra bedende bacaklar, ayaklar, kemikler, kalınbağırsak ve sinir sistemini kontrol eder. Aynı zamanda cinsellikle de ilgisi bulunmaktadır.

Kök çakranın elementi topraktır. Sağlıksız çalışan bir kök çakra bağırsak, bacak, omurga ve sinir sisteminde çeşitli sorunlara yol açar. Aynı zamanda kişinin zorluklarla mücadele edememesine, kendini güvende hissetmemesine ve dünya ile arasında uyumsuzluklar oluşmasına yol açacaktır. Ayrıca kırmızı rengin şifası şöyledir. Duygularımızı ve tutkularımızı harekete geçirir. Dalga boyu yüksek, titreşimi kısadır. Canlandırıcı bir etkisi vardır. Motivasyonu, enerji, coşku ve yaşama sevincini, sıcaklık ve aşk duygularını, kan basıncını ve vücut ısısını harekete geçirir. Fiziksel enerji, güç, cesaret, dayanıklılık, cinsel güç, bedensel güç, dayanıklılık konularında çok etkilidir.

Kök Çakra Yeterli ve Dengeli Çalışıyorsa:

Yaşam amaçlarına ulaşmakta zorlanmaz. Dünyayı yaşanacak ve güvenilir bir yer olarak kabul eder. Hayatın zorlukları ve acılardan kaçmaz, onları kabul eder ve bu tecrübelerden yaşam dersleri çıkarır. Herkese kuşku ile yaklaşma huyundan ve savunmacı kişiliğinden kurtulur. Korkuları ile kolayca yüzleşebilir, yeniliklere açıktır. Samimi olur, olumlu düşünür. Neşeli, bedensel olarak canlı ve güçlüdür. Farkındalığı gelişmiştir.

Bu çakra dengeli çalıştığında, kişi kendisini dünyaya ait ve her ne yaşarsa yaşasın ve güçlü hisseder. Bu güvenle, kişi hayatın akışına kendini daha kolay adapte eder. Böylece, kişi hayatında mutlu ve sevinçli şekilde gelişir ve endişesiz kalırken, yaşamında ev, uzun vadeli ilişkiler, istikrarlı çalışma, istikrarlı bir gelir gibi sağlam temeller ve sağlam yapılar oluşturur. Varoluşsal ve içgüdüsel korku ve endişeler hayatındaki neşeyi ve rahatlığı bozmaz. Kişi bir yandan rahat ve yaşamdan zevk alırken değişimin her zaman köşede beklediğinden emin bir yandan da geleceğini güvenli ve istikrarlı bir şekilde sürdüreceğini bilir. Böylece bağlılık ve rahatlık hissi birbirini mükemmel bir uyum içinde tamamlar.

Kök Çakra Yetersiz ve Dengesiz Çalışıyorsa:

Kök çakradaki dengesizlik, bebeklik çağının başlarında hayatın dengesinin ve güvenilirliğinin aniden kesintiye uğradığı acı verici bir farkındalıkla karşı karşıya kaldığımızda başlar. Burası, ilk travmalarımızın genç bedenlerimizde, zihinlerimizde ve kalplerimizde oluşmaya başladığı yerdir.

Bu tür travmaları örnekleyecek olursak; bedensel yaralanmalar, ebeveynlerimizin boşanması, çocukluk evremizde ani bir göç, ailemizden ya da yakın çevremizden çok sevdiğimiz bir kişinin kaybı, beklenmedik bir hastalık, yaşamımıza şiddetli bir saldırı sayılabilir. Ebeveynlerimiz bize yaşamın güzelliklerine dair güven vermiş olsalar bile bu güven hayatın kendisi tarafından kolayca bozulabilir. Bu durum yaşamda farkında olmamızı sağlar. İhtiyaçlarımızın bu kayıtsız yaşamla karşılanıp karşılanmayacağına dair sürekli soru ve endişeler, içgüdüsel merkezimizi varoluşsal gerginliğe sokar. Bu sürekli uyanıklık durumu ve içgüdüsel merkezimiz bize yanlış sinyaller göndermeye devam eder. Bu da kök çakra dengesizliğinden kaynaklanan sürekli bir güvensizlik duygusu oluşturur.

Uygun çalışma: Bağdaş kurarak yere oturun veya ayaklarınızı yere sağlamca basarak ayakta durun. Dikkatinizi alt karın bölgenize, kuyruksokumunuza getirin. Burada yoğun kırmızı bir renk hayal edin ve bu bölgeyi, çevresini rahatlatıp gevşetmeye odaklanın. Yürüyüş yapmak, yalınayak yürümek, dans etmek, doğada zaman geçirmek de kök çakrayı besleyen ve dengeleyen çalışmalardır. Lam sesini kullanmak da önerilir.

SAKRAL ÇAKRA

2. Çakra: Sakral

Pozisyon: Alt karın bölgesi

Renk: Turuncu ve Portakal rengi

Enerji: Cinsel enerji, kendine sevgi ve saygı duymak ya da kurban bilincinde olmak

Fiziksel Organlar: Yumurtalıklar, üreme organları, kalınbağırsak, bel, böbrek, mesane ve kan dolaşımı

Hormon: Yumurtalık hormonları

Kristaller: Carnelian, turuncu kalsit, turuncu kiyanit, aytaşı, güneş taşı, şeftali aventurin

Aromatik Yağlar: Paçuli, ylang ylang, sandal ağacı

Sakral Çakrayı Besleyen Yiyecekler: Portakal, mandalina, kavun, bal, havuç, fındık, mango, sulu ve yağlı sebzeler (avokado gibi), hindistancevizi, düşük glisemik meyveler (elma gibi) ve filizlenmiş tahıllar.

Turuncu Rengin Şifası: Neşenin ve yapıcılığın rengidir. Bu rengin vücut içinde en çok etkin olduğu yer, adale sistemimizdir. Turuncu enerjik aktiviteyi de artırır. Neşe verici bir renktir. Canlılık ve heyecan verir, cinsel duyguları harekete geçirir.

Genel Bakış

Erkeklerde penis ve kadınlarda klitorisin iki parmak üzerinde bulunur. Cinsel enerji ve zihinsel üretkenliği simgeler. Heyecan duyma, isteme, imajinasyon yeteneği, aile koruma ve maddiyat bu çakra ile bağlantılıdır. Elementi su, rengi ise turuncudur. Bedende böbrekler, idrar torbası, dolaşım sistemi, lenfatik sistem, üreme organları, anne sütü 2. çakranın etkisi altındadır. Cinsel sorunların çoğunun nedeni 2. çakradaki enerji dengesizlikleridir. Bu çakra yaşamda bir akıcılığın meydana gelmesine yardım eder. Fiziksel boyutta karaciğer, böbrekler ve karnın alt bölümünü kontrol eder. Çok fazla düşündüğümüz zaman, bu merkezin tüm enerjisi tükenir ve bu çakra tamamen dengeden çıktığında şeker veya kan kanseri gibi hastalıklar ortaya çıkabilir.

2. çakranın dengede olması yaşamsal tıkanıklıkları da çözecektir. Ayrıca sanatsal yetenekler ve zihinsel üretkenlik düzgün çalışan sakral çakra ile söz konusu olabilecektir. Bu çakrada enerji blokajları ya da dengesizlikleri olduğunda zihinsel üretkenlik kısırlaşacaktır.

Sakral Çakra Yeterli ve Dengeli Çalışıyorsa:

Dengeli bir sakral çakra hayatta olmak için barışçıl ama tutkulu bir sevgiye yol açar. Kişiye sürekli gelip giden, belli deneyimlere bağlı olmayan, titreşimli neşe, tutku, heyecan ve canlılık hissi verir. Dengeli kişi tamamen duygu akışına izin verir. Böylece tüm duyguyu tam olarak, hiçbir çekinceye maruz kalmadan yaşar. Yaşamın kendisi bir heyecan ve tutku kaynağı olduğundan, doğada ve kozmosta bolca bulunduğundan, bu kişi yaşam enerjisi ile beslenir ve her şeyi kapsayan yaşam gücüyle kendini yaşama derinden bağlı hisseder. Sakral çakrası dengede olan kişi, yaşamın güzelliklerinden tam olarak tat alır. (Güzel yerleri gezmek, lezzetli yiyeceklerin tadını çıkarmak ve yaratıcı girişimlere girmek gibi yoğun ve heyecan verici zirve deneyimlerini keyifle yaşar.) Bu kişi hayatın deneyimini bir bütün olarak benimser. Bu nedenle, duygu merkezi o kadar canlıdır ki vücudun ve zihnin diğer tüm sistemlerini, işlevlerini keyifle ve neşeyle sürdürebilir. Sakral çakrası dengeli ve çalışkan olan bir kişi, doğal ihtiyaçları ve arzuları için derin ve bilinçli bir kabul görür ve onları suçluluk veya utanç duygusuyla bastırmaz ve bilinçsiz saplantı ve arzuların etkisinde değildir. Kendine iyi bakar ve ihtiyaçlarını ifade etmekten çekinmez. Sakral çakra bizi neşe ve yaşamın güzelliklerine bağlar.

Yaşam, en yoğun deneyimler, yoğun duygular, maceralar, yaratıcı girişimler, sürprizler ve yeni fırsatlar gibi çok çeşitli heyecanlara sahiptir. Bazen hayat çok geniş bir fırsat yelpazesi olarak görünmez ve bu nedenle heyecan verici ya da sıkıcı hale gelir. Böyle bir durumda yaşam gücümüzün azaldığını hissedebilir ve hatta depresyona girebiliriz. Bu da sakral çakra dengesinin bozulmasına neden olur. Elbette, bazen yaşam gücümüzün bu şekilde bastırılması, bütünlük içinde yaşamdan zevk almayı istemediğimizi ve hatta çok fazla mutluluğu neredeyse hak etmediğimizi düşündürür. Böyle bir durumda, kısıtlama duygusunu kaldırmamız ve akışa izin germemiz gerekecektir.

Sakral Çakra Yetersiz ve Dengesiz Çalışıyorsa:

Dengesiz sakral çakra, bir insanın yaşama olan ilgisinin yoğun bir şekilde azalmasıdır. Böylece hayat bir görevler ve baskılar silsilesi haline gelir. Kişi için her şey "yapması gereken" bir şeyi istemektir sadece, o şeye can atıyor olsa bile, içinde tatmin olmamış gibi görünen bir boşluğu doldurmak içindir. Lezzetli yemekler tüketilebilir ancak derin bir memnuniyet duymadan; cinsel hoşgörü bolluk içinde yaşanabilir. Ancak gerçek neşe yoktur. Bu yüzden zevkler daha mekanik ve yapay hale gelir; bunun sonucunda hayat çok sıkıcı görünür.

Yaşam için yoğun bir tutku azalması, birçok faktörden kaynaklanıyor olabilir. Travmatik deneyimler, hislerin tehlikeli olduğu ve deneyim yaşamanın acıya neden olabileceği sonucuna varılmasına neden olur. Hatta erken çocukluk döneminde ebeveynler, dini şahsiyetler ve öğretmenler gibi eğitimciler aracılığıyla verilen ceza sistemli ahlaki izler, yaşamsal tutkuyu deforme etmektedir. Aile yükümlülükleri, stresli iş ve zaman yönetimi gibi hayatın genel baskıları ve beklentileri, bir insanın hayatın bir görev olduğunu hissetmesine yol açabilir. Böyle bir durumda, kişinin yaşam gücü enerjisi düşer ve kişi dünyayı, yaşamı anlamsız bulmaya başlar. Hiçbir şey yeni, şaşırtıcı veya maceracı görünmez. Zevk gibi hayal kırıklığı yaratan deneyimler, acı verdikçe içimizdeki yaşam yoğunluğunun tehlikeli olduğunu hissettirir. O zaman çok fazla böyle hissetmemek için kayıtsız kalmayı tercih etmemizden dolayı, duygularımızın yoğunluğunu en az seviyeye indirerek duygu merkezimizi kapatırız.

Duygu merkezimizi kapatmak ahlaki baskı, ayıp ve suçluluk yüzünden de gerçekleşebilir. Arzuların uygunsuz hatta kirli olduğu hissi, olumlu tutkumuzu kapatmamıza neden olabilir. Çoğunlukla, olumlu tutku yerine, heyecanımızı tek bir deneyim veya maddeyle sınırlıyoruz. Bu şekilde, hayatın tamamı oldukça heyecan verici görünüyor, pornografi, uyuşturucu veya doğa sporları vs. gibi yalnızca tek bir deneyim veya maddi yaşama yöneliyoruz. Bu durum da bağımlılıkların ve zorlamaların yaşamımıza girmesiyle, ikinci çakramızdaki yaşam gücü rezervini tüketerek beden ve zihnimiz için tek bir duygu deneyimlememize neden oluyor.

Uygun çalışma: Bağdaş kurarak oturup, karın bölgesinde yoğun bir turuncu renk hayal edin ve bu bölgeyi serbest bırakmaya çalışın. Duyguları, cinselliği, yaratıcılığı ve arzuyu simgeler. Bu bölgede yaratacağınız bir çakra dengesi sizi kendine daha özgüvenli, daha yaratıcı, mutlu ve enerjik hissettirecektir. Turuncu renk kıyafetler giymek ya da eşyalar bulundurmak, turuncu renkli gıdalar tüketmek faydalı olacaktır. Kalçaları hareket ettirecek şekilde dans etmek de uygun bir sakral çakra çalışmasıdır.

SOLAR PLEKSUS ÇAKRA

3. Çakra: Ana ya da Çekirdek Yıldız (Solar Pleksus)

Pozisyon: Göbeğin hemen üzeri ve diyaframın altı

Renk: Sarı ve Altın Sarısı

Enerji: Varlığımızın tam ortasında yer alır, varlığımızın aslı, çekirdeğidir, içimizdeki ışığın kaynağıdır. Dengesiz olduğunda suçluluk, utanç, korku, yetersizlik, harekete geçememe durumları ortaya çıkar, ışığımız loşlaşmıştır.

Fiziksel Organlar: Karın boşluğundaki sempatik sinir ağlarının en büyüğü. Kendinden çıkan sinir dalları, güneşi çağrıştırdığından güneş anlamına gelen "solar" adını almıştır. Sindirim sistemi.

Hormon: Pankreas

Kristaller: Kaplan gözü, sitrin, altın kuvars, san avcnturin, pirit, kehribar, deve akik

Aromatik Yağlar: Zencefil, tarçın, karanfil

Solar Pleksus Çakrayı Besleyen Yiyecekler: Papaya, sarı biber, kabak, tatlı patates, yumurta, kayısı, portakal, havuç, yulaf, şeftali, mango, kabak, tarçın, sarı gıdalar (sarı biber, mısır, sarı mercimek ve muz gibi), karmaşık karbonhidratlar ve kepekli tahıllar gibi kalıcı enerji sağlayan gıdalar.

Sarı Rengin Şifası: Sarının altın, bal, bakır tonları olumlu etkilere sahiptir. Akıl ve zekâ rengidir. Umut, ilham ve yöneticilik duygularını pekiştirir. Bu renk kişinin zihinsel faaliyetlerini her yönüyle etkiler. Moral bozukluğunu ortadan kaldırıp kişiye yeni yaşama sevinci gücü verir. İyimserlik duygularını artırır. Sarı renk mide, bağırsak ve mesane rahatsızlığının tedavisinde önemli rol oynar. Altın sarısı; iyimserlik, dikkat çekme, ticarette başarı, maddi ve manevi gelişim etkisi vardır. Ruhsal olarak gelişimi etkilediği gibi, dünyasal konularda da başarı verir.

Genel Bakış

Göbeğin yaklaşık 3 parmak üstünde bulunur. Adına, "güneş sinir ağı çakrası" da denir. Üçüncü çakra diğer insanlarla ilişkilerimizi, beğenilerimizi, toplumsal kimliğimizi, irademizi ve amaçlarımıza ulaşmakta kararlılığımızı simgeler. Kendini kontrol etme ve başarı isteği de 3. çakra ile ilgilidir. Bedende ise karaciğer, sindirim sistemi, pankreas, 12 parmak bağırsağını ve dalağı etkiler. Göz ve görme ile ilgili fonksiyonlar da bu çakranın etkisindedir. Rengi sarı, elementi ateştir.

3. çakranın düzenli çalışması insan hayatı için oldukça önemlidir. Düzensiz çalışan bir üçüncü çakra sadece karaciğer, mide, bağırsak sorunlarına yol açmakla kalmaz aynı zamanda amaçlarımıza ulaşmamızda çok büyük engeller çıkartır. Yetersiz çalışan çakra yaşamsal istekleri dışlamak, otoriteye boyun eğmek, mücadelelerden kaçmak, bireyselleşmeyi reddetmek, sosyal yaşamdan kaçmak ve depresyon gibi sorunları da beraberinde getirecektir. Düzgün çalışan 3. çakra ise uyumluluk, hedefleri iyi belirleme ve bunları takip etme, davranışları kontrol altında tutma, bağımsız hareket edebilme ve başarıya ulaşmayı sağlayacaktır.

Solar Pleksus Çakra Yeterli ve Dengeli Çalışıyorsa:

Dengeli bir solar pleksus, kişinin tüm farklı güçleri ve itici güçleri net bir benlik duygusuna bütünleşmiş halini, onlara yön vermesini, bilinçli kararlar vermesini ve net hedefler tanımlamasını sağlar. İnsan olarak sağlıklı bir güvene sahip, güçlü ve zayıf yönlerini bilen ve yetenekleri ve gücü hakkında gerçekçidir. Dış baskı ile karşı karşıya kalsa bile, engeller ve zorluklar karşısında kolayca yoluna devam eder. Bu çakra dengeli çalıştığında kişi başarısızlıklardan korkmaz.

Dengeli solar pleksus çakrası sayesinde etrafımızdaki ortak alanı algılayabilir ve içindeki enerjinin akışını hissedebiliriz. Ayrıca, hedeflere ulaşmak için yeterince güçlü bir şekilde nasıl istemek gerektiğini biliriz. Dengede solar pleksus çakra, kişiye içsel bir denge, sabit sinirler ve bütünlük sağlar. Sağlıklı bir solar pleksus çakraya sahip bir insanın duygulardan mahrum kalması pek mümkün değildir, stresli durumlarda dahi kararlı ve güvenilirdir. Sakin, konuya vâkıf ve yoğunlaşmış aynı zamanda da düşünceli kalır. Baskı altında bile kararlar alabilir ve onlarla hareket edebilir. Kişi kendini güvende hisseder, doğal bir güç ve otorite yayar.

Solar Pleksus Çakra Yetersiz ve Dengesiz Çalışıyorsa:

Dengesiz üçüncü çakra, bazen hızlı bir şekilde vazgeçme bazen de öfke ve mücadeleye yol açan, güçsüz hissetme halidir. Güç duygusundan yoksun insanlar, bir hedef belirleme konusunda bile korkarlar ve şüphelidirler. Bu durum, esasen öz disiplinin olmayışından kaynaklanmaktadır. Gerçek öz disiplin, birinin farklı güçlerin hepsine odaklanmayı, yoğunlaşmayı ve toplanmayı öğrendiği içsel eğitiminin sonucudur. Bu çakra, devam eden engellerin aşılması ve kişinin kendi iradesine sadık kalması sürecinde güçlenir. Bir durumun üstesinden gelmek, tembellik ve öfke, korku ve şüphe gibi iç güçleri kontrol etmek ve sınırlamak için artan kapasiteyi içerir. Dengesiz solar pleksus çakra, kendisini tamamen güçsüzlük duygusunun getirdiği farklı şekillerde ifade edebilir. Bu durum, genel güçsüzlük duygusunun tüm yönleriyle olan farklı semptomlara yol açabilir.

Uygun çalışma: Güneş ışığına doymak, güneşli günlerde dışarıda zaman geçirmek ve güçlendirici egzersizler yapmak solar pleksus çakra için uygun çalışmalardır. Özellikle egzersiz programınıza karın çalışmalarını dahil edebilirsiniz. Sarı rengin temsil ettiği bu bölge kişiliği, duyguları, kendini ifade etmeyi, zekâyı temsil eder. Suyun sarı renge dönüştürdüğünü hayal ettiğiniz bu bölge auranızı negatif öğelerden uzaklaştırarak arındıracak, size kendinizi çok daha enerjik ve iyi hissettirecektir.

KALP ÇAKRA

4. Çakra: Kalp

Pozisyon: Göğüskafesinin ortası, kalbimizin olduğu yer

Renk: Zümrüt yeşili

Enerji: Evrensel varlığımızın merkezi. Evrenle ana bağlantımız. Aslımız ve özümüz. Sevgi temelli kendini sevmek ve diğerlerini sevmek ve kabul etmek. Travma, yas, kayıp, sevginin kaybolması, depresyon ve ilişki sorunları bu çakranın dengesizliğinde ortaya çıkar.

Fiziksel Organlar: Kalp ve ciğerler

Kristaller: Pembe kuvars, pembe turmalin, pembe opal, rodokrozit, yeşil aventurin, zümrüt, malakit, yeşim, peridot.

Aromatik Yağlar: Gül, sardunya.

Kalp Çakrasını Besleyen Yiyecekler: Yeşil yapraklı sebzeler, lahana, brokoli, karnabahar, bamya, fasulye, kuşkonmaz, bezelye, üzüm, armut, erik, kiraz

Yeşil rengin şifası: Baş melek İsrafil'in rengi zümrüt yeşilidir; şifayı ve gerçeği ifade eder. Yeşil renk, enerjimizi artırır. Pozitif yüzüyle yeşil; yatıştırıcı, iyileştirici, huzurlu ve sakindir. Yeşilin iyileştirici gücü büyüktür. Yeşil yaratıcılığın; yaşamın, sakinliğin, gücün, huzurun, yeniliğin ve ahengin rengidir. Baharın gelmesiyle, doğa uyanır ve canlanır. Bu nedenledir ki; yeşil yaşamın, gençliğin, çoğalmanın, gelişmenin rengidir. Güvenin rengidir... Enerjisi hayatınıza bereket, istikrar, denge getirir.

Genel Bakış

Kalp çakra, vücutta kalbin hizasında yer alır. Sevgi, şefkat, fedakârlık, duygusal bütünlük, kendini adayabilme, derin mutluluk gibi özellikleri simgeler. Bu çakra doğrudan duygularla ilgilidir. Timüs bezi etkisindedir ve ürettiği hormon mutluluk hormonudur. Timüs, uyarıldığında salgıladığı hormonlar kişide haz ve mutluluk duygusu yaratır. Timüs bezi büyümeyi düzenler, bağışıklık sistemi hücreleri olan T hücreleri burada üretilir ve lenf sistemini kontrol eder. Vücutta kalp, sırtın üst kısmı, ciğerlerin alt kısmı, kan ve dolaşım sistemi fonksiyonları bu çakranın etkisindedir. Eğer vücudunuzda bu bölgelerde herhangi bir sağlık sorununuz varsa 4. çakranızda bir enerji blokesi, düzensizliği ya da bu çakranın aşırı çalışması söz konusudur. 4. çakranın rengi yeşil ve pembe, elementi ise havadır. Ayrıca dokunma duyumuzda bu çakranın etkisindedir.

Kalp çakrası tüm çakraların merkezinde yer almaktadır ve diğer çakraları da önemli ölçüde etkilemektedir. Düzensiz çalışan 4. çakra duygusal sorunlar, bencillik, yalnızlık eğilimi ya da sevgiye bağımlılık, soğukluk hatta kalpsizlik dediğimiz merhametsiz ve sevgisiz davranışlar oluşturacaktır. Birçok hastalık sevgisizlik ile başlamakta ve sevgi ile bitmektedir. Sevgi görmeden büyüyen çocuklar ileri yaşlarda alkol ve uyuşturucu bağımlılığından, şiddet eğilimine kadar birçok negatif durum yaşamaktadırlar. Bağımlılıkları olan insanların kalp çakralarında sorunlar bulunmaktadır.

Çakra Yeterli ve Dengeli Çalışıyorsa:

Diğer çakraların bütünüyle ahenk içinde çalışan, tamamen dengede bir kalp çakrası, ilahi sevgi için bir köprüdür. Kalbinizin enerjileri dünyanızı değiştirebilir ve çevrenizdeki insanları birleştirir, uzlaştırır ve iyileştirir. Doğal bir sıcaklık, samimiyet ve mutluluk yaşarsınız. Bu, çevrenizdeki insanların kalplerini açar, güven verir ve neşe yaratır. Şefkat ve yardım etme isteği, size çok doğal görünür. Duygularınız, iç çalkantılardan, çelişkilerden, şüpheden ve belirsizlikten uzaktır. Vermenin mutluluğuyla sadece sevgi adına seversiniz ve bu yolla bir şeyler kazanmayı beklemezsiniz. İlahi olanla bir ve bütün olma arzunuz daimi en üst seviyede olur. Sevgi ve bütünlük hali her bir anınıza ahenk katar. Kalbinizin bilgeliği sizinle konuşmaya başlar ve tamamen sesini duyarsınız. Evrendeki tüm canlılar kalbinizde yaşıyordur. Aşk haliniz, aşkınıza aşk katar. Yaşamda ki iyi kötü her şeyin farkında olursunuz. Bilirsiniz ki her şey için yapabilecek seçeneğiniz daimi vardır.

Çakra Yetersiz ve Dengesiz Çalışıyorsa:

Kalp çakrasının yetersiz, dengesiz çalışması, sizi yaralanmalara karşı çok duyarlı ve başkalarının sevgisine karşı çok bağımlı bir hale getirir. Özellikle kendinizi başkalarına açtığınızda dışlanmış hissederseniz, son derece kırılırsınız. Bu olduğunda, kendi kabuğunuza çekilir, üzgün ve kederli olduğunuzu hissedersiniz. Sevginizi vermek istersiniz fakat dışlanma korkusu, bunu yapmanın uygun yolunu bulmanızı imkânsız kılar. Belki de sevgi eksikliğinizi kapatmak için aşırı arkadaş canlısı davranıyor ve her zaman başkalarına yardımcı olmaya çalışıyorsunuz. Böyle yaparak aslında insanlarla gerçek ilişkiler kurmadan, herkese eşit derecede mesafeli davranıyorsunuz. Kalbiniz böyle bir durumla karşılaştığında, kurtulmaya çalışıyorsa da kendinizi dışa kapatıyorsunuz. Eğer kalp çakranız tamamen denge kaybettiyse, bu, kendini soğukluk, kayıtsızlık ve hatta "kalpsizlik" şeklinde gösterecektir. Herhangi bir şey hissetmek için güçlü dış dürtülere ihtiyacınız vardır.

Uygun çalışma: Sırtüstü yüzmek, derin nefes çalışmaları, elleri göğüskafesinin üzerine koyarak ve kalp bölgesine odaklanarak yapılan meditasyonlar etkili olacaktır. Yeşil ya da pembe renkle hayal edilen bu bölge sevgiyi, dostluğu, affetmeyi, iyileşmeyi, sakinleşmeyi temsil eder. Yeşilin göğüskafesinizi doldurduğunu ve tüm kalp kırıklıklarınızı tamir ettiğini, endişeden arındırdığını, karşılıksız sevmeyi öğrettiğini hayal edin.

BOĞAZ ÇAKRA

5. Çakra: Boğaz

Pozisyon: Boğazın kökü

Renk: Turkuvaz Mavi

Enerji: İletişim, konuşma, gerçekler, kendini dünyaya ifade etme

Fiziksel Organlar: Ses telleri, boğaz, tiroit. Dengesizlik, guatr, larenjit, bronşit, osteoporoz, soğuk algınlığı, kalsiyum eksikliği, metabolizmada yavaşlama

Hormon: Tiroit

Kristaller: Mavi kiyanit, turkuvaz, lapis lazuli, mavi dantel akik, sodalite, amazonit

Aromatik yağlar: Yasemin, papatya, nane, okaliptüs.

Boğaz Çakrasını Besleyen Yiyecekler: Limon, armut, şeftali, elma, kayısı, kivi, yabanmersini, incir

Mavi Rengin Şifası: Mavi renk; gökyüzünü, sonsuzluğu, sessizliği, dinginliği, serinliği ve suyu ifade eder. Sezgilerin rengidir. İç dinginliği, sevgi, huzur, sakinlik ve barış duygularını pekiştirir. Mavi, enerji sistemimizi serinletip dinlendirir. Yüksek tansiyonun düşürülmesi ve çeşitli boğaz sorunları giderilmesinde etkilidir. Mavi, eşsiz bilincin, gerçeğin, uyumun, sakinliğin ve umudun rengidir. Uyum, sakinlik, iletişimde başarı, ilham alma, adalet ve psikolojik rahatlığın rengidir. Enerjisi hayatınıza uyum, başarı, rahatlama ve iletişim yeteneği getirir.

Genel Bakış

Boğaz çakra, vücutta boyun ve boğaz arasındaki çukurda bulunur. Konuşma yeteneğimizi, ses tellerimizi, dürüstlüğü, düşüncelerimizi ve duygularımızı doğru ve açık olarak anlatma yeteneğimizi bu çakra simgeler. İnsan vücudunda boyun, boğaz, çene, ses telleri, bronşlar, ciğerlerin üst kısmı ve kollar bu çakranın etkisindedir. Tiroit bezi de bu çakra ile ilgilidir.

Tiroit bezinin vücudun gelişiminde oynadığı önemli rol ve yiyeceklerin enerjiye dönüşüm hızını düzenlemekteki işlevi göz önüne alınırsa 5. çakradaki bir enerji dengesizliğinin ne gibi sonuçlar oluşturacağı daha iyi anlaşılabilir. Eğer bu bölgelerde ya da konularda bir sağlık sorunu yaşıyorsanız 5. çakranızda bir enerji blokajı, dengesizliği ya da aşırı çalışması gibi bir sorun var demektir. Beşinci çakranın yaydığı renk açık mavidir. Aynı zamanda işitme duyusu da bu çakra ile ilgilidir.

Çakra Yeterli ve Dengeli Çalışıyorsa:

Boğaz çakrası kendi gerçekliğimizi, yaşamdaki amacımızı ve yaratıcılığımızı ifade ettiğimiz merkezdir. Boğaz çakrasının, oluşsal durumları göz önüne aldığımızda, sakral çakra ile doğal bir bağlantısı vardır. Duyguların ve yaratıcılığın merkezi olarak kabul ettiğimiz sakral çakra, duygu dünyasının bedende hissedilmesi ile bağlantılıyken, boğaz çakrası içsel dünyamızın ve duygularımızın beden dışına aktarılmasına izin vermektedir. Boğaz çakrası vasıtasıyla yaratıcılığımızı ifade edip dış dünyaya yansıtırız. Boğaz çakramız sağlıklı olduğunda, yaratıcı, dürüst, kendimize güveniriz ve kendi gerçekliğimizi dışa vurmaktan korkmayız. Ayrıca, düşüncelerimizi ve hislerimizi ifade ederken açık, akıcı ve kendinden emin olmamız enerji merkezinin dengeli olduğunun belirtileridir. Kendimize güvendiğimizde ve enerji akışında blokaj olmadığında, diğerleriyle olan etkileşimlerimizde saygı, özgünlük ve güvenilirlik temelli ilişkiler kurarız ve ne pahasına olursa olsun kendi gerçekliğimizi özgürce dile getiririz. Duygularımız, düşüncelerimizi, isteklerimizi kısacası kendimizi doğru ve cesur bir şekilde ifade etmemiz düzgün çalışan bir 5. çakra ile mümkün olacaktır.

Çakra Yetersiz ve Dengesiz Çalışıyorsa:

Çakra dengesizliği, çakranın bloke olmasına ya da aşırı aktif olmasına yol açar. Bloke bir boğaz çakrası güvensizliğe, ürkekliğe ve içine kapanıklığa yol açarken; aşırı aktif olması dedikoduya, hiç susmadan konuşmaya ve sözel olarak agresif ve kaba olmaya yol açar. Boğaz çakranın dengesiz olması da yalan söyleme eğilimini artırır. Beraberinde ifade bozukluklarına dahi neden olduğu görülmektedir. Asosyallik ile hemen arkasından gelir. Öyle ki iletişimde sorun yaşayan bu tarz kişilerin yakın ilişkiler kurmaları zordur. Kendine fazlasıyla güvenen kişiler, odak noktası olmak için iletişimde hata yapmaktadır. Eğer 5. çakrada herhangi bir enerji dengesizliği varsa, kişinin ifade etme yeteneği gelişmemiştir, kekeleme olabilir, yalan söyleme alışkanlığı gelişebilir, konuşma esnasında ses zorlukla çıkabilir veya utangaçlık gelişebilir.

Uygun çalışma: Ses çıkarmak, şarkı söylemek boğaz çakrasını uyarır. Maviyle ilişkilendirilir. Konuşma, iletişim kurma, kendini ifade etme konularıyla bağlantı kurar. Mavi renginin denge oluşturmada, sakinleştirmede, sinirleri yatıştırmada etkili olduğuna inanılır. Boğaz bölgesini açan sesli meditasyonlar boğaz çakrasını dengelemek için yapılabilecek çalışmalardır.

3. GÖZ ÇAKRA

6. Çakra: Üçüncü göz

Pozisyon: İki gözün ortası

Renk: Mora kaçan lacivert

Enerji: İçgörü, altıncı his, yaratmak, var etmek, ruhani gelişim

Fiziksel Organlar: Hipofiz bezi, endokrin ve sinir sistemi arasındaki en büyük organizasyon ağını kontrol eder.

Kristaller: Ametist, kiyanit, selcnit, lapis lazuli, safir, sodalit, aytaşı, sugilite, berrak kuvars, labradorit, unakite

Aromatik Yağlar: Adaçayı, servi, lavanta, sığla, paçuli, adaçayı

3. Göz Çakrasını Besleyen Yiyecekler: Patlıcan, siyah üzüm, mavi çilek, mor lahana, nane

Lacivert-İndigo Rengin Şifası: Lenf ve salgı bezleriyle birlikte bağışıklık sisteminin güçlenmesini sağlar. Beynin her iki yarımküresi uyumu üzerinde olumlu etki sağlar. Bu rengin enerjisi vücudun toksinlerden arınmasını sağlar. Lacivertin bilinçaltı duyguları ve sezgiyi güçlendiren bir etkisi vardır. Uyum ve başarı rengidir. Sakin ve dingin olma duygularını pekiştirir. Kararlılığın, dikkat çekmemenin, huzurun ve düzenin rengidir. Enerjisi hayatınıza sakinlik, kararlılık ve çevrenizdeki zararlı insanları uzaklaştırma etkisi getirir.

Genel Bakış

3. göz çakra, vücutta alnın ortasında iki kaşın arasında yer alır. Sezgi gücü, altıncı his gibi duyu dışı algılamalarımızı etkileyen bu çakradır. Vücutta ise duyu organlarını kontrol eder ve beyinle doğrudan bağlantılıdır. Bu çakranın kontrol ettiği içsalgıbezi hipofizdir. Hipofiz temel salgı bezidir. Çünkü endokrin sistemindeki diğer salgı bezlerinin çalışmalarını kontrol eder. Diğer bezlerin uyumlu çalışması için hipofizde bir sorun olmaması gerekir. Yorgunluk, sinirsel hastalıklar, migren ve sinirsel iltihaplar 6. çakrada oluşmuş enerji düzensizliklerinden kaynaklanır. Bu çakranın enerjisinin bloke olması, düzensiz çalışması ya da aşırı olması kişide sadece akıl ve mantıkla yaşama durumunu meydana getirir. Sezgiler kaybolur. Yaşam sadece maddi istekler çerçevesinde döner, ruhsal gelişme reddedilir. Zihinsel olarak da belli bir konuya ya da düşünceye saplanıp kalma ve esnek olamama gibi durumlar ortaya çıkar. Düzenli çalışan 6. çakra sezgi gücünü artırır, içten gelen sesler mesajlar haline gelir ve düşünceler gerçekleşmeye başlar. 6. çakranın rengi çivit mavisidir.

Çakra Yeterli ve Dengeli Çalışıyorsa:

Alın (3. göz) bilince ulaşmanın mekânı olduğundan, burada maddeyi belirleyip, ayrıştırabilirsiniz. Fiziksel düzeyde yeni gerçeklikler yaratabilir, geçmişe dair ne varsa çözebilirsiniz. Günümüzde gelişmiş bir bilinç düzeyiyle birlikte tamamen açık üçüncü göze sahip çok az insan vardır. Açık bir üçüncü gözün sahip olduğu yetenekleri ve algıları tüm genişliğiyle açıklayabilmemiz olanaksız. Alın (3. göz) çakramız dengeli olduğunda, hayatımızı netlikle, güçlü sezgilerle, içgörüyle, kişisel farkındalıkla ve duygusal dengeyle görür ve yaşarız. Dengeli bir 3. göz vasıtasıyla maddi ve manevi dünya arasındaki farkı kavrayabildiğimizden, maddesel şeylere tutunmayız ve hayal gücü yüksek, yaratıcı bir karakter ortaya koyarız. Alın çakrası beynimizden de sorumlu olduğu için bu enerji merkezinin dengeli olması, zihnimizin sakin olmasını ve olayları ve durumları kişisel sorunlarımızdan bağımsız olarak görmemizi sağlar. Fiziksel gerçekliğin ötesindeki tüm yaratılış düzeylerine ulaşabiliriz. Bunun bilgisi bize, sezgi, altıncı his ya da aşırı duyarlı işitme, hissetme şeklinde ulaşır. Önceden belirsizce şüphe ettiğimiz şeyler şimdi daha açık bir şekilde algılanır.

Çakra Yetersiz ve Dengesiz Çalışıyorsa:

Alın (3. göz) çakramız dengesini kaybettiğinde ya da yetersiz çalışmaya başladığında, yaşamda ilerliyor olduğumuz yöne dair hissiyatımızı kaybederiz ve yaşam durağanlaşır. Enerji merkezinin bloke olması, içsesimize olan güveni kaybetmemize, yaşam algımızın ve içinde bulunduğumuz durumun negatif ve/veya dogmatik şekilde algılanmasına neden olur.

Bu dogmatik zihin kalıbı, geçmişe sünger çekmemizi engeller veya gelecek hakkında korkular yansıtmamıza sebep olur. İnançlarımız, günlük rutinlerimiz ve diğer insanlara karşı görüşlerimiz belli bir perspektifte sıkışır. 3. gözün bloke olma durumu, fiziksel, duygusal, zihinsel ve ruhsal sağlığımızı önemli derecede etkiler. Çünkü bu enerji merkezi, hipofiz ve epifiz bezinden sorumlu olduğu için nörolojik fonksiyonlar, bedenin enfeksiyonlara karşı olan savaşı, uyku düzeni ve metabolizmanın dengeli olması vs. bu enerji merkezinin dengeli olmasıyla doğru orantılıdır. Bu yüzden, alın (3. göz) çakrasının bloke olması sonucunda sık sık hastalanabiliriz, uykusuzluk problemi çekebiliriz ve yüksek tansiyon rahatsızlıkları ortaya çıkabilir.

Uygun çalışma: Basit meditasyon oturuşu, altıncı çakra için faydalıdır. Bu pozda durup dikkati alın bölgesine getirerek meditasyon yapılabilir. Algı, bakış açıları, iç hesaplaşmalar, hayal gücü ve bunun gibi bireysel konular, üçüncü göz çakrasına aittir. Çivit mavisiyle ilişkilendirebileceğiniz bu çakra zihninizi açacak, size kendinizi daha iyi tanıtacak ve potansiyelinizi artıracaktır. Rüyaları takip etmek, çivit mavisi eşyalar kullanmak da altıncı çakrayı destekleyecektir.

TEPE ÇAKRA

7. Çakra: Taç

Pozisyon: Başın tam tepesinde

Renk: Eflatun ve Beyaz

Enerji: İlahi bilgi ve bilinç, kendini Tanrı'nın bir parçası olarak bilmek

Fiziksel Organlar: Epifiz (pineal bez), uyku düzenini ve biyolojik saati düzenleyen melatonini salgılar, melatonin aynı zamanda güçlü bir antioksidan, yaşlanma karşıtı özellikleri bulunan bir hormon. Melatoninin sırları hâlâ daha araştırılıyor.

Hormon: Melatonin

Kristaller: Ametist, havlit, berrak kuvars, selenit, suglit, beyaz kalsit

Aromatik Yağlar: Lavanta, vetiver, neroli, angelica

Tepe Çakrasını Besleyen Yiyecekler: Hindistancevizi, mantar, turp, zencefil, sarmısak

Mor Rengin Şifası: En hızlı titreşime ve en kısa dalga boyuna sahiptir. Mor, iyi niyeti temsil eder. Vücudun iskelet yapısını etkiler, fiziksel ve ruhsal dünyamız arasında sağlıklı bir denge kurmamızı sağlar. Ayrıca mor, insanların rüya aktivasyonunu geliştiren derin düşünme rengidir. Ruhsal dünyanın rengidir. Asilliği, dengeyi, kendine güveni, sakinleştirici ve dinlendirici duyguları pekiştirir. Manevi korunma, ruhsal gelişim, kendini ve başkalarını affetme, sakinlik ve ruhsal güç veren bir etkisi vardır. Psişik yetenekleri geliştirme konusunda da etkilidir.

Genel Bakış

Tepe çakrasına, "taç çakra" da denir. Vücutta başımızın tepe noktasında bulunur. Bu nokta, bebeklerde bulunan ve sonradan kapanan "bıngıldak" dediğimiz bölümdedir. Tepe çakrası yüksek bilincimizle bağlantılıdır. Evrensel enerjiyi aldığımız yer taç çakradır ve bu çakra tamamen açıldığında, diğer çakralardaki tüm tıkanıklıklar da çözülür. Bu çakra; ilahi ve yüksek farkındalık seviyeleriyle olan bağlantımızı kuran enerji merkezidir ve endokrin sisteminde "epifiz" bezi başta olmak üzere "hipofiz" beziyle ve hipotalamusla bağlantılıdır. Taç çakrayla ilişkilendirilen renkler ise mor ve beyazdır. Mor rengi spiritüelliği ve sezgiselliği; beyaz ise saflığı, affediciliği ve yenilenmeyi/dönüşümü simgeler. Bu çakranın açılmasıyla gelen farkındalık, birliği deneyimlemek ve her şeyin temel olarak birbiriyle olan bağlantısının egosuz şekilde farkına varılmasıdır. Bu enerji

merkezi; herkesin ve her şeyin doğası gereği mistik bir şekilde var olan birliğini deneyimlememize izin verir. Bu çakranın en büyük zorluğu, ruhu özgür bırakıp kendimizi ilahi olana açmak ve aynı zamanda da köklerimizle kuvvetli şekilde dünyaya tutunmayı başarmaktır.

Çakra Yeterli ve Dengeli Çalışıyorsa:

Taç çakramız dengeli olduğunda kendimizi yüksek benliğimizle bağlantılı hissederiz, içsel bilgeliğimize kolaylıkla erişim sağlarız, tüm canlılarla ve hayatla bağlantılı oluruz, büyük resmi görürüz ve çevremizde ne olursa olsun huzur ve bütünlük hissederiz. Taç çakrası açılmış bir kişi kendini ve her şeyi sorgular, sürekli olarak kişisel farkındalık seviyesini ve kendi yanılsamasını genişletir ve ayrıca bu kişiler hayata ve ilahi olanın sevgisine kendilerini bırakmışlardır ve kendileriyle barış halindedirler. Taç çakranın dengeli olması, ruhsal içgörü, farkındalık getirir.

Çakra Yetersiz ve Dengesiz Çalışıyorsa:

Tamamen dengesiz ve yetersiz çalışıyorsa, kendimizi bolluktan ve bütünlükten ayrı hissederiz ve korkudan tamamen kurtulamayız. Çakralardaki tıkanıklıkların açılmasını engelleyen de bu korkudur. Yapabileceklerini tam olarak ortaya çıkaramazsak, bireysel enerjiler ne "yaratılış dansı" ile ne de birbiriyle uyum içinde titreşirler. Bu çakranın en büyük zorluğu, ruhu özgür bırakıp kendimizi ilahi olana açmak ve aynı zamanda da köklerimizle kuvvetli şekilde dünyaya tutunmayı başarmaktır. Taç çakranın dengesinin bozulması çevremizle olan ilişkimizi ve yaşam fonksiyonumuzu etkiler. Yukarıda verilen bilgilere ek olarak, aşırı aktif bir taç çakrası kişinin üstünlük kompleksine girmesine, başkalarına karşı yargılayıcı bir tutum sergilemesine, başkalarına karşı güvensizliğe, kaybolmuşluk hissiyatına ve bireyin yaşamdaki yönünü kaybetmiş gibi hissetmesine neden olur.

Uygun çalışma: Düzenli meditasyon yapmak, tepe çakra için en uygun çalışmadır. Yedinci ve son çakra olan taç çakrası bilgelik, manevi duygular ve farkındalıkla ilgili olup, mor rengiyle bütünleşir. Hayatınızın bütün yönlerine iyi gelecek, spiritüel bir enerji sağladığına inanılır. Kendi inancınıza göre dua etmek, basitçe uzanıp bedeni serbest bırakmak tepe çakrayı dengelemek için idealdir.

DÜŞÜNCELERİMİZ VE ÇAKRALAR

Hatırlarsanız, çakra kelimesinin Sanskritçe tekerlek anlamına geldiğinden ve enerjilerden meydana geldiğinden bahsetmiştik. Enerji beden ile madde beden arasında bağlantıyı sağlar. Çakralar ruhun, boyutlarla evrensel bağlantısını sağlarlar. Ham enerji olarak aldığımız ruhsal enerji, düşünce ve duygulara dönüşünce, auranın katmanlarında biçimlenerek kişilik yapısını oluşturur. Bu yüzden her insanın kendine özgü bir "ruh bedeni" (aura) ve "can bedeni" vardır. Can bedenin içinde de varlık özü (eskilerin "töz" dedikleri) vardır.

İnsan ruhu, deneyimlediği herhangi bir olumsuz duygu, düşünce veya hatıra karşısında, bunları sentezlemeye ve çözümlemeye hazır olmadığı zaman, bu enerjilerin akışını geçici olarak durdurarak, bu enerjilerle bütünleşmemeye çalışır. Bu yöntemle kendini korumaya, mutlu ve sağlıklı tutmaya çalışır. Ancak bloke edilen enerjiyi, çalışmaması üzerine konulan bir dosya gibi değerlendirebiliriz. Bu dosyalar zaman içerisinde artarsa (insan bu konuları sentezleyerek, kendi tavrını ve tarzını geliştiremezse) başlangıçta korunma mekanizması olarak yapılan davranış, ciddi bir blokaja yol açar.

Blokajın her türlüsü, aslında ruhun bütün katmanlarındaki akışına engel olur. Ancak özellikle bulunduğu yerde (boyutlar ve çakralarla bağlantılı olarak) zaman içerisinde psikosomatik bir rahatsızlık ortaya çıkaracaktır.

Blokajlar da her şey gibi sonuçta enerjiden oluşmaktadır. Bu nedenle varlıklarını devam ettirebilmek için yine enerji ile beslenmek zorundadırlar. Bu yüzden blokajlar tıpkı kanser tümörleri gibi insan bedeninden kendilerine bir enerji hattı çekerek, ruhsal enerjilerle beslenir. Kişinin bilincinde ya da bedeninde enerji azlığına sebep oluştururlar. Ancak eğer insan, henüz bir travmayı atlatacak konuma gelmemişse, blokaj kalkmaz.

Blokajların da bir mantığı ve bir oluşma sebebi vardır. Bazı blokajlar, insan gelişim süresini tamamlayıp, o konuyla ilgili olan bilgi düzeyini artırdıktan sonra kendiliğinden dağılabilir. İnsan, kendini geliştirdiği alanlarda, bazı çakralar diğerlerinden daha geniş, bazıları daha küçük, bazıları tamamen kapalı olabilir. Bu da insanın kişiliği ve yaşam tarzı ile alakalıdır. İdeal olarak bütün çakraların uyum içerisinde ve eşit büyüklükte olması, hepsinin aktif olarak çalışması olsa da böyle bir durumu her zaman muhafaza etmek mümkün değildir. Ancak çakraların tamamen veya uzun süre kapanması, hem ruhsal hem de fiziksel hastalık zemini hazırlar.

Her bir çakranın bilinçli bir yaşam alanı var ve biz ne kadar farkındalık yükseltip, her bir çakra ve dengeyi yaşamımızda bulma yolunda ilerledikçe, her şeyin kolaylığını, sonsuzluğunu ve bereketini yaşıyor olacağız. Çakraların genel tanımlarını şimdi 7 çakra ve 7 bilinç seviyesinde incelemeye başladığımızda yükselişimize dahi nasıl yardımcı olduğunu fark edeceğiz.

1. GÜVENLİK MERKEZİ-KÖK ÇAKRA

Bu merkez, kişisel güvenliğinizle ilgili yiyecek, barınak gibi şeylere yöneltir. Bu programlama güvenli hissedebilmek için bilincinizi dünyadan yeterince alma savaşı tarafından yönetilmeye zorlar.

2. DUYGU MERKEZİ-SAKRAL ÇAKRA

Bu merkez, mutluluğu iyi ve zevkli duygular vasıtasıyla bulmakla ilgilidir. Çoğu insan için seks, duyguların en cazibidir. Müzik sesi, yemeğin tadı vs. diğer bağımlı kılıcı duygular olabilir.

3. GÜÇ MERKEZİ-SOLAR PLEKSUS ÇAKRA

Bilinciniz bu merkeze odaklandığında, insanlara ve durumlara hâkim olma, onları yönetme, saygınlık, zenginlik ve gurur (ayrıca hiyerarşi, yönetme ve kontrol etmenin binlerce ince biçimi) önem kazanır.

4. SEVGİ MERKEZİ-KALP ÇAKRA

Bu merkezde özne-nesne ilişkilerini aşar ve dünyayı akıcı kabulün duygu ve uyumuyla görmeyi öğrenirsiniz. Kendinizi insanlıkta, insanlığı da kendinizde görürsünüz. Güvenlik, duygu ve güç dramlarına hapsolup, acı çekenlere şefkat duyarsınız. Herkesi koşulsuz sever ve kabul edersiniz, kendinizi bile.

5. BOLLUK MERKEZİ-BOĞAZ ÇAKRA

Bilinciniz bu merkez tarafından aydınlatıldığında, yarattığınız dünyanın dostluğunu yaşarsınız. Daima mükemmel bir dünyada yaşamış olduğunuzu idrak edersiniz. Bu mükemmellik hayatın size, sahip olduğunuz bağımlılıklar ölçüsünde kurtarıcı deneyimler sunmasında yatmaktadır. Bağımlılıklarınızı yeniden programladıkça, burada ve şimdiden sürekli zevk alarak bu mükemmelliği hissedersiniz. Daha sevgi dolu ve kabul edici oldukça, dünya mutluluk için ihtiyacınız olandan fazlasını sunan bir "Bereket Boynuzu" (Cornucopia) olur.

6. BİLİNÇLİ-FARKINDALIK MERKEZİ-3. GÖZ (SEZGİSEL) ÇAKRA

Bu merkez, bedeninizin ve aklınızın beş düşük merkezde işleyişini izleyebilen, bilinçli farkındalığa sahip olma özgürlüğünü verir. Bu bedeninizin ve aklınızın dramını yargıda bulunmadan gözlediğiniz bir meta-merkezdir. Burada sosyal rollerinizi ve yaşam oyunlarınızı korku, incinme ve savunmasızlıktan uzak bir yerden tarafsız olarak gözlemeyi öğrenirsiniz.

7. KOZMİK BİLİNÇ MERKEZİ-TEPE ÇAKRA

Altıncı bilinç merkezinde tam olarak yaşadığınızda, benlik farkındalığını aşıp saf farkındalık haline gelmeye hazır olursunuz. Bu son seviyede, her şeyle bir olursunuz. Sevgi, huzur, enerji, güzellik, bilgelik, berraklık, etkililik ve birliksinizdir artık.

7 çakra 7 bilinç seviyesinin derinlerinde kendinizi bulmaya başlayacağınızdan hiç şüphem yok. Tüm sorumluluğu üstlenerek, ego ve rasyonel düşüncenize çalışmak üzere tamamen farklı bir yön vermiş olursunuz. O zaman bunlar, insanlarla savaşmak ve onları yönetmek için sizi tahrik etmek yerine, yeniden programlama yapmanıza yardımcı olmak için çalışırlar. Bakışlarınızı dış dünyadan içsel programlamanıza çevirmeniz, bu olağanüstü hızlı bilinç gelişimi yönteminden yararlanmanın anahtarıdır. Korku, öfke, üzüntü, huzursuzluk ya da kıskançlık duygularını harekete geçirmekte kullandığınız bağımlılığı belirlemekte uzmanlaşırsanız. Enerjiniz, algı gücünüz ve sevginiz yeni bir "siz" yaratmak için harekete geçer. Bilinç düzeyleri doğru ya da yanlış, iyi ya da kötü değildir. Bilincinize yedi düzeyden herhangi birinde olmasına izin vermekte kendinizi özgür hissetmelisiniz. Bulunduğunuz yerdesiniz. Burada ve şimdi. Sevgiyi, yaşamdaki gelişiminiz, bağımlılıklarınızdan kurtulacağınız gelecek bir zamanda değil, kendinizi ve başkalarını tam burada ve şimdi tamamen kabullenmenize bağlıdır.

Gelişiminizdeki gelecek adım için ihtiyacınız olan duyguları sunacak olan bağımlılıkları yaşadığınızı idrak ederek, şu an bulunduğunuz yeri kabullenin. Burada ve şimdiyi (içinde bulunduğunuz anın koşullarını) neşeyle basamak olarak kullanırsanız, gelişiminiz mümkün olduğu kadar çabuk gerçekleşir.

AŞKOLSUN

4. BÖLÜM

SEN DEĞİŞİRSEN DÜNYAN DEĞİŞİR

"Sen değişirsen; dünya değişir. Kendini yeniden sen olmak için inşa ederken, geçmişten bugüne duygularında ne kadar ustalaştığını fark et. Bundan sonra hiçbir şey eskisi gibi olmayacak. Şimdi zamanı geldi ve ustalığını bir adım öteye taşıma vakti."

– Sibel Uzun

Bilinç ve Bilinçaltı

Karanlığın içinde kaybolup gitmek ne de kolay değil mi? Hepimiz hayatın koşuşturması ve meşakkatli yollarından geçiyoruz.

Bu yollardan geçerken, karanlığa defalarca giriyoruz, defalarca da çıkıyoruz.

Bu karanlık yerde saplanıp kalıyor muyuz yoksa çıkışı hızlıca başarıyor muyuz? Karanlığımız ne kadar koyu olursa, aydınlığımız o kadar parlak olur.

Şimdi dikkatinizi iyice vermenizi rica ediyorum, günde 60-70 bin düşünce üreten sisteme sahibiz. Çoğu da önceki gün düşündüklerimizle aynı ve bu her gün tekrar ediyor. Bu düşünceler, gerçekliğimizi her gün değiştiriyor. Yani kendinize her gün bu düşünce akışıyla, yeniden yön veriyorsunuz.

Bilinçaltımızda bulunan karanlık-negatif kodlamalar bizim o tünelin içinde ışıksız kalmamıza sebep olur. Şayet bedenimizin enerji merkezlerine gerekli hassasiyeti göstermezsek, diğer deyişle çakralarımızı dengede tutmazsak, bu karanlıkta kalmaya daima devam ederiz.

Bilinç, zihnimizin düşünen, yargılayan, karar veren, mantık yürüten bölümüdür. Yani şu anda farkında olduğumuz her şey bilincimizdir. Bilinçaltı ise anne karnında var olduğumuz andan itibaren farkında olmadığımız arzu, istek, dürtü ve duyguların depolandığı, bunlara bağlı olarak da programların yazıldığı alışkanlıklarımızın, davranış kalıplarımızın, inançlarımızın yer aldığı zihin bölümümüzdür.

BİLİNÇALTININ ASLINDA ASLİ GÖREVİ BİZİ KORUMAKTIR...

Bilinçaltımızın önemini yeterince bilmiyor ve gücünden yararlanamıyoruz. Oysa, bilinçaltının bu sonsuz gücünü yanımıza almayı başarabilsek inanın tahminlerinizin çok ötesindedir yaşayacağımız güzel yaşam deneyimleri.

Geçmişte yaşanan korkular, kaygılar, inançlar, alışkanlıklar, duygular bilinçaltımıza kaydedilir. Bu kayıtlara göre oluşan bilinçaltı programları, ömür boyu kişinin ruh durumu, kişilik yapısı, hayata bakışı ve algılayışı, ilişkileri gibi birçok konuda etkili olur. Bu programların farkına varıp değiştirmezsek, ömür boyu aynı şekilde çalışmaya devam ederler. Bilinçaltı bu programlar sağlıklı mı, sizin için faydalı mı diye düşünmez, değişme gibi bir çabası da yoktur.

Örneğin; kendinizi yapmaktan alıkoyamadığınız, mantıksız olduğunu bildiğiniz halde "Elimde değil" dediğiniz davranış ve düşünceler, alışkanlıklar, tutkular, takıntılar, fobiler, bağlanmalar, sabit inanç bu ve benzeri alanlar bilinçaltınızda kayıtlı sınırlandırılmış programlarınızın ürünüdür.

Hastalıklarda öncelikle düşünce sisteminin ürettiği frekans titreşiminin enerji bedene geçmesi, bu titreşimin burada yer bulması ve madde bedene geçmesi şeklinde oluşur. Madde bedene gelen bu titreşim, organlardan hangisi ile ilgili ise o organın frekans titreşimini bozar ve o organda hasara sebep olur.

Örneğin; kullanmadığı halde eşyalarını atmayan kişiler bağırsak sorunu yaşamaktadır. Çünkü ihtiyacı olmadığı halde saklamak, istiflemek, bırakamamak, bırakmaktan korkmaktır. Bu durumda bu kişinin düşünce sistemi bırakamamak olduğundan bunun negatif enerjisi, bedende bu işlevi gören bağırsaklardır.

Bu nedenle sürekli saklayan veya hayatındaki bir düşünceyi, bir kişiyi, bir cismi vs. bırakamayan kişiler bağırsaklarında da ihtiyacı olmayan şeyleri biriktirdiğinden bağırsak sendromu, kolit veya pek çok bağırsak sorunu ile karşılaşabilir.

Özetle; bilinçaltındaki kayıtlı programlarımızdan bazılarının içeriği nedeniyle hayatımız son derece olumsuz etkilenmektedir. Bilinçli halimizle isteyerek, umarak, kızarak kayıtlı bu programların değişimini gerçekleştirme şansımız pek de mümkün değildir. İşte çeşitli bilinçaltı çalışmaları ile bu

PROGRAMLARINIZ YENİDEN DÜZENLENEBİLİR, müthiş bir değişim ve dönüşüm gerçekleştirebilirsiniz...

Ve lütfen, değişime izin verin...

Siz değişirseniz, dünyanız değişir...

AŞKOLSUN

BİLİNÇALTININ EN ÖNEMLİ ÖZELLİKLERİ

Bilinçli zihin akıl yürütme ve planlama işlevini yerine getirir. %10

Bilinçdışı zihnimiz ise davranışlarımızın çoğunu kontrol eder. %90

Bilinçaltı 0-7 yaş arasında oluşur. Beyin gördüğü duyduğu her şeyi kayıt eder. 0-7 yaş arasında içinde bulunduğumuz ortamın tüm değerlerini kendi değerlerimiz, inançlarımız ve gerçekliğimiz olarak kaydederiz. Bu kayıtlar kodlardır. Her şeyin zihinde kodu vardır. 7 yaşından sonra bu kodlara göre yaşam sürmeye devam ederiz. 0-7 yaş arasındaki dönemde yaşadıklarımız duyduğunuz, gördüklerinizin bugünkü projeksiyonudur.

İnsan, temelde üç farklı bilinç durumuna sahiptir. İlk olarak farkında olduğumuz, akılcı, denetimini kolaylıkla sağlayabildiğimiz ve bazen sadece ondan ibaret olduğumuzu sandığımız ana bilincimiz vardır ki buna kısaca bilinç ya da şuur deriz. Bu kişiliği, egoyu gösteren kontrol edebildiğimiz zihinsel alanımızdır.

İkincisi ise farkında olmadığımız, neleri içerdiğini ya da içermediğini herhangi bir duyumuzla ya da bilincimizle algılayamadığımız, bilinçten ve 5 duyudan doğrudan bilgi, emir alan ancak farkındalık alanımızın dışında kalan bilinçaltımızdır.

Sonuncusu ise yüksek benlik ya da üst benlik dediğimiz, bilinçaltı gibi farkındalık alanımızın dışında olan ancak ruhsal çalışmalarla farkındalık sağlayabildiğimiz, içimizdeki bilge olarak tanımlayabildiğimiz bilinç durumudur.

Bilinçaltımız bizim sadık hizmetçimizdir. Bizim verdiğimiz talimatları alır ve koşulsuz uygulamaya başlar. Bilinçaltımıza talimatları çoğu zaman farkına varmadan veririz. Bu da bilinçaltımıza emir verirken istemediğimiz şeyleri emretmemize yol açabilen en önemli noktalardan biridir. Bilinçaltınıza bir talimat gönderdiğiniz zaman hemen bunu emir kabul eder ve bunu gerçekleştirmek için çalışmaya başlar. Bilinçaltımız mıknatıs gibidir. Kendi inançlarını yansıtan şeyleri çeker. Eğer bilinçaltınız yaşamınızın zor geçeceğine inanırsa, gerçekten yaşamınız zor olacaktır. Karşılaşacağımız olaylar ve insanlar hayatımızı zorlaştıracaktır. Eğer bilinçaltımız paranın zor kazanılacağına inanırsa, para zor kazanılacaktır. Bilinçaltınızdaki inançlarınızın ne olacağını büyük ölçüde belirleyen şey sizin ona verdiğiniz bu talimatlardır. Bugüne kadar bilinçaltınıza yanlış inançlar yerleşmiş olabilir.

Eğer yaşamınızda bolluk bereket yoksa bilinçaltınızda olabilecek temel yanlış inançlar şunlardır:

- *Ben iyi şeyleri hak etmiyorum.*
- *Ben değerli değilim.*
- *Para kirli bir şeydir.*
- *Parayı sevmiyorum, önemli olan başka şeyler var.*
- Çok paramız olursa eşim beni terk eder.
- Çok param olursa gerçek dostum olmaz.
- *Ben zengin olacak kadar yeterli değilim.*

Bunlar gibi birçok yanlış inanç bilinçaltınızın evrensel çekim yasası gereği kendisine refahın zıddı olan yoksunluk durumunu çekmesini sağlayacaktır.

Bu inançların önemli bir kısmı henüz siz küçükken yani bilinciniz tam gelişmediği zamanlarda bilinçaltına atılmış inançlardır. Genelde bu durumdan sorumlu olan anne babadır. Eğer ben bugün 40 yaşındaki Zeynep'e "Sen yetersizsin" dersem, Zeynep bilinçli bir insan olarak buna istediği her tepkiyi verebilir. Bu telkini reddedebilir, kendini yanlış tanıttığını düşünerek düzeltmeye çalışabilir, benim iyi niyetimden şüphe edebilir ya da bunu kabul edebilir. Ama Zeynep'e annesi 5 yaşındayken aynı şeyi söylediyse henüz bilinci gelişmemiş olan Zeynep bunu aynen kabul etti ve bu inanç bilinçaltına yerleşti. Yıllar sonra Zeynep'in bilinçaltındaki yetersizlik inancı evrensel çekim yasası gereği, sürekli kendisini yetersiz hissedeceği durumları yaşamına çekmesine yol açacaktır. Bu yanlış inancın etkisi çoğu zaman dramatiktir. Sürekli evliliğinde yetersizlik duygusu yaşayan Zeynep'in mutlu olması kolay değildir. İşyerinde sürekli kendini başkalarıyla mukayese edebilir ya da bir işkolik olarak kendine, kendini ispat etmeye çalışabilir. Ancak ne yaparsa yapsın bu yanlış inanç bilinçaltından silinip onun yerine "Ben yeterli bir insanım" inancı yerleşmedikçe bir türlü tatmin olamayacaktır.

Bir insanın bilinçaltı sadece çocukluğunda gelişen yanlış inançlardan etkilenmez. Kişinin farkına varmadan bilinçaltına verdiği talimatlar, başkalarının olumsuz telkinlerini kabullenmesi de en az çocukken yaşadığı olumsuz şartlanmalar kadar etkilidir. Günümüzde herkesin sosyal medyayı sıklıkla kullandığını da ekleyelim ve her gün yapılan farklı olumlama çalışmalarının da aslında ne kadar tehlikeli olduğunu unutmayalım. Örneğin; sürekli kendisine "Hayat çok zor" diyen bir insanın bilinçaltı bu onamayı kabul ettiği anda kişinin karşısına birçok zorluk çıkacaktır. Ya da çevresindeki insanlardan sürekli "Ekmek aslanın ağzında" onamasını duyan bir insan, eğer kendini bu olumsuz onamadan koruyamıyorsa, bir süre sonra parasal zorluklar yaşamaya başlayacaktır. Yaşamımızdaki bolluk ve bereket noktasındaki sorunların büyük bir kısmı bilinçaltınızdaki yanlış inançlardan kaynaklanmaktadır. Eğer şu anda mali durumunuzdan memnun değilseniz, yaşamınızda sevgi, mutluluk, dostluk ya da sizin için önemli bir şeylerin eksikliğini hissediyorsanız bunun en önemli nedeni bilinçaltınızdaki hatalı inançlardır.

Şimdi gelelim en önemli özelliklerine:

Bütün anıları depolar. Hiçbir şeyi silmez. Geçici olan ve geçici olmayan her şeyi kaydeder. 0-7 yaş arasında kritik akıl faaliyette olmadığı için her şey doğrudan bilinçaltına kaydedilir, doğru-yanlış, güzel-çirkin, ahlaklı-ahlaksız ayrımı olmadan. Kayıt anında anlamsız olsa bile ilerleyen dönemlerde kaydedilene, yaşantılar sonucu bir anlam yüklenir ve bu anlama göre kişinin tepki vermesi sağlanır. İlişkilendirmeler, genellemeler yapar. Benzer şeyler ve düşünceler arasında bağlantılar kurar ve hemen öğrenir. Bu özellik çoğu zaman kişiyi zor durumda bırakır. Örneğin, kış aylarında acı bir kayıp yaşayan kişinin bilinçaltı bu acı ile kışı birbirine bağlayarak kişiye yıllarca süren bir döngüsel depresyon yaşatabilir. Çoğu zaman insanlar yıllar önce olan o olayı unutmuş olsalar bile bilinçaltı unutmaz. Tüm anıları organize eder. Bunun için de zaman çizgisini kullanır. Bilinçaltı geçmiş, şimdi ve gelecek zamanı farklı yerlere kodlar. Örneğin geçmiş zaman, bazıları için arkada, bazıları içinse sağ veya sol yanda olabilir. Gelecek ise önünde uzanmış olabilir. Özellikle geçmiş ile ilgili hatıraların kodlandığı yer yaşanan birçok problemin kaynağını teşkil eder. Çözümlenmemiş, olumsuz duygu yüklü anıları bastırır. Amacı kişiyi korumaktır. Yine de baskılanmış bu anılar ile ilgili semptomlar yaratmaktan da geri kalmaz. Örneğin; kişinin ama kişinin kirlenmişlik hissini temizlik takıntısı ile dışa vurur. Bunu klasik bir obsesif-kompülsif durum olarak görürseniz tedavi şansınız kalmaz. Bu davranışı baskılasanız bile ya bir süre sonra yeniden ortaya çıkar ya da şekil değiştirir. Bedeni işletir. Vücudun şimdiki halinin ve mükemmel sağlığın planına sahiptir. Bu nedenle bilinçaltının yarattığı psikosomatik rahatsızlıkları yine bilinçaltının yardımıyla gidermek mümkündür. Bazen bunu kendisi de yapar. Örneğin sınav kaygısı yüksek bir öğrencinin bilinçaltı kaygıyı yaratan sınavdan sahibini korumak için bağırsak sistemini bozabilir, o geceyi acilde baygın geçirtebilir, elleri ayakları, sanki sinir ucu iltihaplanması varmış gibi tutmaz olabilir vs. Ve sınav saati gelip geçtiğinde sahibini tekrar eski haline getirebilir. Aynı zamanda yüksek benliğin işleyişini kontrol eder. Bedeni korur. Bedenin bütünlüğünü korur. Hücre düzeyinden sistemlere, sistemlerin uyumlu çalışmasına kadar bütün bedenin işleyişini bir an bile bırakmaksızın kontrol eder. Siz nefes almayı unutabilirsiniz ama o unutmaz. Duyguların hâkimidir. Bilinçaltı tüm duygularımızın kaynağı ve yerleştiği yerdir. İnsan duygudan bir an bile çıkamaz. Bir duygu durumundan bir başkasına geçer ve bütün davranışların altında duygular vardır. Bilinçaltı olaylar ve duygular arasında bağlantılar kurar. Kurulan bu bağlantılar ve yüklenen anlamlar davranışlarımızın gerçek sebepleridir. Bir davranışı değiştirmek için ona yüklenmiş anlamı göz ardı eden yaklaşımlar, bilinçaltı karşısında yetersiz kalmaktır. Örneğin eğer sigaraya kendine güven gibi bir anlam yüklenmişse, bu anlamı yükleyebileceği yeni bir davranış seçeneği sunmazsanız sigarayı bırakmanıza izin vermez. Bulunan davranış seçeneğinin de en az sigara kadar kolay ulaşılabilir olması gerekir. Son derece ahlaklıdır. Size öğretilen ve içinde yetiştirildiğiniz ahlaksal yapıya sıkı sıkıya bağlıdır. Tersi davranışlarda yaşanan suçluluk duygusu bazen bir ömür boyu sürer. Bu kez de bilinçaltı kişiyi cezalandıracak bir hastalık veya bir mahrumiyet yaratabilir. Hizmet etmekten hoşlanır, gerçekleştirmek için net ifadelere ihtiyaç duyar. Bilinçaltı, sahibi ne isterse sahibine onu verir. Yalnız bilinçaltı çok istediğimiz veya hiç istemediğimiz şeylere, yani iyi odaklanmış olduğumuz şeylere ulaşmamızı çabuklaştırır. Bundan dolayı hipnozda kişi hep olumlu olana, istenen duruma yönlendirilir. İstenene ulaşılması için kaynaklar üretir, muhafaza eder, dağıtım yapar ve "enerji" iletir. İsteme noktasında dikkatli olmak gerekir. Sürekli ölmek istediğini söyleyen biri, sonunda bilinçaltını tedavisi çok zor ya da imkânsız bir hastalık yaratmaya itebilir.

AŞKOLSUN

KÖK İNANÇLARI FARK ETME VE DÖNÜŞTÜRME

"Karşı karşıya kaldığınız problemleri mevcut düşünce yapınızla çözemezsiniz, zira onlar mevcut düşünce yapınızın ürünleridir."

– Albert Einstein

Yaşamda gerçekten kontrol edemeyeceğimiz olaylar olur. Çalıştığımız şirket küçülür ve işten çıkarılabiliriz. Eşimiz, sevgilimiz bizi terk edebilir. Aile fertlerinden biri hasta olabilir ya da ölüme çok yaklaşabilir. Bu gibi durumlarda artık yapabileceğimiz hiçbir şeyin olmadığı hissine kapılabiliriz.

Belki de bir iş bulabilmek ya da sadece kendinizi daha mutlu hissedebilmek için, bildiğiniz her şeyi denemiş olabilirsiniz. Hiçbir şey işe yaramamış gibi gözükebilir. Elimizden gelenin en iyisini yaparak, yeni bir yaklaşımı denediğimizde hâlâ amacımıza ulaşamamışsak, genellikle bunları tekrar denemeyiz. Niçin? Çünkü hepimiz acıdan kaçmak isteriz! Hiç kimse başarısızlığı tekrar yaşamak istemez. Hiç kimse sadece hayal kırıklığına uğramak için, bütünüyle kendisini vermez. Genellikle bu hayal kırıklığı deneyimlerinden sonra tekrar denemekten vazgeçeriz! Böylece hiçbir şeyin işe yaramayacağına inandığımız noktaya geliriz.

Halbuki yanılıyorsunuz. Her şeyi yapabilirsiniz! Bugün, düşünce, algılama ve eylemlerinizi değiştirerek yaşamınızdaki herhangi bir şeyi değiştirebilirsiniz.

"Bundan 20 yıl sonra,
yaptıkların değil,
yapamadıkların için
üzüleceksin. Dolayısıyla,
halatları çöz. Güvenli
limandan uzaklara yelken
aç. Rüzgârı yakala, araştır,
düşle, keşfet."

– Aldous Huxley

Yaşamınızı tersine çevirmede ilk adım, bir şey yapamayacağınız ya da çaresiz olduğunuza ilişkin inancınızdan kurtulmaktır. Bunu nasıl yapabilirsiniz? Genellikle insanlar geçmişte denediklerini, fakat başaramadıklarını söylemektedirler. Geçmiş başarısızlıklar her daim devam edecek sanırlar ve işte en büyük yanılgı burada başlar. Dün ne yaptığınız önemli değildir. Şimdi ne yaptığınız önemlidir. Bugün yapacaklarınız üzerine yoğunlaşırsanız, her şey daha iyi, çok daha kolay ve çok daha güzel olacaktır.

Mesaj basittir. Amaçlarınızın peşinde giderken, sabırla ve esneklik duygusunu kaybetmeden, yoğun ve sürekli eylemde bulunur ve çözüm yoktur duygusunu bir kenara bırakırsanız eninde sonunda istediğinizi elde edersiniz. Derhal, küçük bile olsalar, bugün yapabileceğiniz eylemler üzerinde yoğunlaşmalısınız.

Bu yapı üzerinde yaşamınızın herhangi bir kısmını değiştirebilecek güce sahip olduğunuza göre hedef ve arzularımıza ulaşmak için ilk adım yeni eylemler yapmak ve eylemlerimizi karara bağlamak zorundayız. Çünkü karar verme gücü değişim gücüdür. Tekrar belirtmeliyim ki yaşamımızdaki olayları her zaman kontrol edemeyiz. Fakat bu olaylarla ilgili olarak ne düşüneceğimizi, neye inanacağımızı, ne hissedeceğimizi ve ne yapacağımızı kontrol edebiliriz. Yaşamımızın her anında kendi kendimizi kabul etsek de etmesek de yeni seçimlerimizin, yeni eylemlerimizin ve yeni sonuçlarımızın nedeninin sadece bir ya da iki karara bağlı olduğunu hatırlamalıyız.

Kalıplaştırılmış olumsuz düşünce formları bizi olmak istediğimiz yere taşımaz, sadece olduğumuz yerde sıklıkla saymamıza hatta daha ileri giderek olumsuz inanç kalıplarıyla işbirliği yaparak daha sert olaylar yaşamamıza sebep olur. Yaşamımızda bir şeyleri değiştirip dönüştürmek istiyorsak önce yaşam rutinimizden zihinsel olumsuz faaliyetleri kaldırmak zorundayız. Nasıl mı?

- Gün içerisinde hangi kelimeleri sıklıkla kullanıyorsun?
- Her olay karşısında sıklıkla yakınır mısın?
- Kendini şanssız, talihsiz mi görüyorsun?
- İnsanlara, hayata güvenmiyor musun vb. sorular uzadıkça uzar.

Bu soruların cevaplarını kendine dürüstçe vererek.
Dikkat edeceğin konular:
Kendini birkaç gün gözlemle, nerde, nasıl tepkiler veriyorsun?

Söylemlerini ölç, tart, biç.

Olumsuz kelimelerini tespit et ve not al.

Güne nasıl başladığını ve nasıl bitirdiğini fark et (mutlu, mutsuz, huysuz, eğlenceli gibi).

Velev ki kendinde fazlasıyla olumsuz düşünce kalıbı fark ettin, ne mi yapacaksın?

Hemen farkındalığını geliştirecek alanlara yöneleceksin ve odağın tamamen merkezinde yani kalbinde olacak. Olumsuz tespit ettiğin her şeyi, olumlu haliyle değiştireceksin yani her neye nasıl tepki verdiysen, bu sefer tepki vermeden evvel derin bir nefes alıp "Sakin, dingin, huzurlu ve merkezinde olan ben olarak hareket etmeyi seçiyorum" diyeceksin.

SONUÇTA GELECEĞİMİZİ; YAŞAM KOŞULLARIMIZ DEĞİL, VERDİĞİMİZ KARARLAR BELİRLER.

AŞKOLSUN

EN BÜYÜK ENGEL EGO

Bizi sınırlandıran, kapalı bir kutuya hapseden, sınırlı bilincimize hükmeden sevgili egomuza, özümüze dair yapacağımız bu anlaşmayla, daha özgür, daha başarılı, daha sağlıklı ve daha sevgi dolu olma tohumlarını ekiyoruz. Her zaman olduğu gibi bu metinleri 21 gün boyunca okumanızı önemle tavsiye ediyorum, hatta kendi sesimizle kayıt alıp dinlemek bile bize fazlasıyla destekleyici olacaktır. Yeni, yeniden her güzel olasılığa merhaba demek için kendinize fırsat vermekten korkmayın.

Yine gözümüz yükseklerde, ışığa doğru...

"Canım egom. Ne zamandır seninle oturup konuşamıyorduk. Beni kendinin içinde ne çok hapsetmişsin. Gözüme indirdiğin her perde kendimden ne çok uzaklaştırmış beni. Aslında sen bensin, bende senim. Sen bana, ben sana öğretmen olmuşuz. Bana öğrettiklerin değer yargılarımın hepsini yerle yeksan eylemiş.

Şimdi fark ediyorum ki bana hizmetinde bir şeyler ters gidiyor ve yüksek bilincimden ayrılığı deneyimlemeye başladım. Halbuki benim özüm sevgi. Bugün seninle yeni bir anlaşma yapmaya karar verdim. Bundan sonraki sınırlandırılmış olan tüm kalıplarımı iptal ediyorum. Özüme, ruhuma, bilincime ve yaşamıma yön verecek harika tohumlar ekmeye niyet ettim. Canım egom, bilinçaltımla yapmış olduğun tüm kilitli sözleşmelerini iptal ediyorum. Yüksek benliğimle aramda oluşan tüm enerjitik kayıtlarını iptal ediyorum ve tüm zaman ve mekânlarda bunu kabul ediyorum.

VARLIĞIMIN EN DERİN MERKEZİNDE sonsuz sevgi vardır. Şimdi bu sevginin su yüzüne çıkmasına izin veriyorum. Sevgi yüreğimi, bedenimi, düşüncelerimi, zihnimi, bilincimi, tüm varlığımı doldurup benden dört bir yana yansıyor ve çoğalarak bana geri dönüyor. Ne kadar çok seversem o kadar çok seviliyorum. Sevgi deposu asla tükenmez. Sevgiyi kullanmak KENDİMİ İYİ HİSSETMEMİ sağlıyor, bu aynı zamanda benim içdünyamın neşesinin ifadesidir de.

Kendimi seviyorum. Dolayısıyla bedenimle sevgiyle ilgileniyorum. Bedenimi sevgiyle besliyor, giydiriyorum. Bedenim de bana sağlık ve enerji sağlayarak yaptıklarımın karşılığını veriyor. Evimin çok rahat olmasını, tüm gereksinimlerime yanıt vermesini sağladım. Evimde çok mutluyum. Odaları sevgiyle doldurduğum için içeri kim girerse girsin ben dahil anında bu sevgiyi hissediyor ve onunla besleniyoruz.

Kendimi seviyorum. Dolayısıyla zevk aldığım bir işte çalışıyorum. İşimde yaratıcı yeteneklerimi kullanıyor, beni seven ve benim de sevdiğim kişilerle birlikte çalışıyorum. Çok iyi para kazanıyorum.

Kendimi seviyorum. Dolayısıyla herkese karşı sevgiyle yaklaşıyorum, sevgi dolu davranıyorum. Çünkü verdiğim tüm sevginin çoğalarak bana geri döneceğini biliyorum. Dünyama yalnızca sevgi dolu insanları alıyorum, onların benim bir yansımam olduklarını biliyorum.

Kendimi seviyorum. Dolayısıyla bağışlıyorum; tüm geçmişi ve geçmişte yaşadıklarımdan kendimi arındırıyorum. Özgürüm.

Kendimi seviyorum. Dolayısıyla tam anlamıyla şu anda yaşıyorum, her anın tadını çıkarıyorum. Evrenin sevilen bir çocuğu olduğum, evren benimle sonsuza dek ilgileneceği için geleceğimin parlak, neşe ve mutluluk dolu ve güvenli olacağını biliyorum."

Değişime izin veriyorum.

AŞKOLSUN

HASTALIKLAR VE ZİHİNSEL SEBEPLERİ

Hastalıklar maddede başlayıp maddede bitmez.

Hastalıklar, öncelikle düşünce sisteminin ürettiği frekans titreşiminin enerji bedene geçmesi, bu titreşimin burada yer bulması ve madde bedene geçmesi şeklinde oluşur. Madde bedene gelen bu titreşim organlardan hangisi ile ilgili ise o organın frekans titreşimini bozar ve o organda hasara sebep olur.

Düşünce sisteminden, enerji bedene geçen bir titreşimin madde bedene ulaşması yaklaşık 6 ayı bulur. Bir hastalığın oluşması 6 ay ile 4 sene arasındadır.

- DÜŞÜNCE
- ETERİK BEDENLER (AURA)
- MADDE BEDEN

Bir düşüncenin doğumunda önce düşünce partikülleri oluşur. Bu enerji partikülleri, doğrudan madde bedene gelmez. İlk olarak enerji bedenlerimiz olan auramıza ulaşır ve burada yer bulur. Bu düşünce sistemi devam ettikçe auradaki karşılık bulduğu alan sürekli düşüncenin enerjisi ile beslenir. Öyle bir enerjisel yoğunluk oluşur ki bu alanda, artık enerji madde bedene sirayet etmeye başlar, bu enerji negatif enerji olduğundan bedene ulaştığında bedendeki düşüncenin karşılık geldiği organın titreşimi, negatif enerjiden dolayı bozulmaya başlar. Sürekli aynı enerjiye maruz kalan organın frekansı değiştiğinden organda hastalık veya işlev bozuklukları meydana gelir.

Düşünce sisteminin bedende bir hastalık veya soruna dönüşme süresi 6 ay ile 4 yıl arasındadır. Yani bedensel hastalıkların kuluçka süresidir.

Hastalıkların zihinsel sebeplerine şöyle bir bakalım. Dönüşüm için ipucu için şu adımları başlatın. Bilinçaltı düzeyinde ilk nefes için bu adımlar yardımcı olabilir.

- Dönüştürmek istediğiniz hastalığın listeden travmaya ait anısını bulun. Duyguyu yakaladığınız anıyı düşünün.
- Tam tersi olumlu haline çevirin ve olumlamayı tekrar edin.
- Son olarak enerjiyi serbest bırakın.

BAZI HASTALIKLAR VE DÜŞÜNSEL-DUYGUSAL SEBEPLERİ

Acı çekmek: Suçluluk duygusu.

Geçmişi sevgiyle bırakıyorum. Onlar da ben de artık özgürüz. Huzur içindeyim.

Addison hastalığı-Böbreküstü bezi rahatsızlıkları: Bozguna uğrama. Artık kendine bakamama. Endişe, korku.

Kendimi seviyor, beğeniyor ve onaylıyorum. Kendime bakmam iyi ve güven veriyor.

Adenoidler-Lenf bezlerinin büyümesi: Aile içinde tartışmalar. Tartışmalar sebebiyle çocuğun istenmediğini hissetmesi.

Bu çocuk istendi, iyi karşılandı ve derin bir biçimde sevildi.

Âdetle ilgili rahatsızlıklar: Kadınlığını reddetme. Suçluluk, korku. Üreme organlarının günahkâr olduklarına inanma.

Bir kadın olarak tüm gücümü kabul ediyorum, tüm bedensel süreçlerimi normal ve doğal olarak kabul ediyorum. Kendimi seviyor ve onaylıyorum.

Âdet görememe: Kadın olmayı istememe. Kendinden hoşlanmama.

Kendimden memnunum, kadınlık bana sevinç veriyor. Ben her zaman mükemmel biçimde akan hayatın güzel bir ifadesiyim.

Âdet öncesi sendromu: Karışıklığın hâkim olmasına izin verme. Gücünü dış etkilere teslim etme. Kadınlık süreçlerini reddetme.

Şimdi zihnimin ve hayatımın sorumluluğunu üstleniyorum. Ben güçlü, dinamik bir kadınım. Bedenimin her parçası kusursuz çalışıyor. Kendimi seviyorum.

Ağrılı âdet görme: Kendine kızma. Kendi bedeninden ya da kadınlığından nefret etme.

Kendimi seviyorum. Tüm uzuvlarımı seviyorum. Her şey yolunda.

Adrenal sorunlar: Yenilmişlik duygusu.

Kendimi seviyorum ve onaylıyorum. Kendime bakma isteği duyuyorum.

Ağız iltihapları-kokusu-rahatsızlıkları: Öfke ve intikam düşünceleri, sabit görüşlülük. Dar kafalılık. Yeni fikirleri kabullenememe.

Kendimi sevgiyle besliyorum. Sevgi dolu dünyamda yalnızca sevinç verici deneyimler yaratıyorum. Her şey yolunda. Geçmişi sevgiyle bırakıyorum. Yalnızca sevgiyi ifade etmeyi seçiyorum, yeni fikirlere ve kavramlara açığım ve onları sindirmeye ve özümsemeye hazırım.

Ağrılar: Sevgiye hasret çekmek. Dokunulmayı özlemek.

Kendimi seviyorum ve onaylıyorum. Sevecen ve sevilen bir insanım.

AIDS: Kendini reddetmek ve yetersizlik duygusu. Kendini savunmasız ve umutsuz hissetme. Cinsel suçluluk duygusu.

Ben evrensel kompozisyonun bir parçasıyım. Ben önemliyim ve hayat tarafından seviliyorum. Güçlü ve muktedirim. Kendimi tümüyle seviyor ve onaylıyorum. Hayatın kutsal ve görkemli bir ifadesiyim. Cinselliğimden haz duyuyorum.

Akciğer sorunları: Hayatı kabul etmemek. Depresyon.

Hayatım mükemmel bir denge içinde. Hayatı dolu dolu yaşamaya hakkım ve kapasitem var.

Jenital akıntı: Eşe duyulan kızgınlık. Cinsel suçluluk duygusu. Kendini cezalandırma.

Başkaları, kendime duyduğum sevgi ve saygının aynası. Cinselliğimin coşkusunu yaşıyorum.

Akne-ergenlik sivilceleri: Kendini kabullenememe. Kendinden hoşlanmama.

Ben hayatın Tanrısal bir ifadesiyim. Kendimi olduğum gibi seviyor ve kabulleniyorum.

Amfizem: Yaşam korkusu. Kendini yaşamaya layık bulmama.

Dolu dolu ve özgür yaşamak en doğal hakkım. Hayatı ve kendimi seviyorum.

Amnezi-hafıza kaybı: Korku, hayattan kaçış. Kendi ayakları üzerinde duramama.

Zekâ, cesaret ve öz değere daima sahibim. Hayatta olmayı seviyorum.

Anemi: Haz yoksunluğu. Yaşam korkusu. Yeterli olmama duygusu.

Hayatın her alanında zevk alacağım çok şey var. Hayatı seviyorum.

Anjin-boğaz ağrısı-Bademcik iltihabı: Kendi adına çekinmeden konuşamayacağı ve ihtiyaçlarını talep edemeyeceği konusunda güçlü bir inanç.

İhtiyaçlarımın karşılanması benim doğuştan sahip olduğum bir haktır. İsteklerimi sevgiyle ve rahatça talep ediyorum.

Anksiyete: Hayatın akışına ve gidişatına güven duymama.

Kendimi seviyorum ve onaylıyorum. Hayatın akışına güveniyorum. Güvencedeyim.

Anoreksi: Hayatı reddetmek. Aşırı korku, kendinden nefret ve reddedilme.

Olduğum gibiyim. Olduğum gibi olmaktan mutluyum. Yaşamayı seçiyorum. Hazzı ve kendimi kabul etmeyi seçiyorum.

Apse: İncinme, küçümsenme, intikam duyguları içinde dönüp durma.

Düşüncelerimin özgürleşmesine izin veriyorum. Geçmiş bitti. Huzurluyum.

Arterioskleroz-Damar sertliği: Direnme, gerginlik. Katılaşmış, dar düşünceler. İyiyi görmeyi reddetmek.

Hayata ve hazza tamamen açığım. Sevgiyle bakmayı seçiyorum.

Artritli parmaklar: Cezalandırma, suçlama arzusu. Kurban olduğunu hissetmek.

Sevgi ve anlayışla bakıyorum. Tüm yaşadıklarıma sevginin ışığıyla yaklaşıyorum.

Arpacık-Göz rahatsızlıkları: Yaşama öfkeli gözlerle bakma. Birisine kızgınlık duyma.

Herkesi ve her şeyi neşe ve sevgiyle görmeyi seçiyorum.

Astım: Boğucu sevgi. Kendi bireyliğini, bağımsızlığını hissedememe. Kendini bastırılmış, boğulmuş hissetme.

Hayatımın sorumluluğunu üstlenme güvenini duyuyorum. Özgür olmayı seçiyorum.

Üst bacak sorunları: Çocukluk travmalarının etkisinden kurtulamamak.

Benim için bildiklerinin en iyisini yapıyorlardı. Onları affediyorum. Ailemi seviyorum.

Alt bacak sorunları: Gelecek korkusu.

Geleceğimde her şeyin iyi olduğunu bilerek güven ve neşeyle ilerliyorum.

Bademcik iltihabı: Korku. Bastırılmış duygular. Tıkanmış yaratıcılık.

Benim hayrıma olan şey artık rahatça akıyor. Tanrısal fikirler benim vasıtamla ifade buluyorlar. Huzur içindeyim.

Bağırsak sorunları: Eski ve ihtiyaç duyulmayan şeyi atmaktan korkmak.

Kolaylıkla eskiyi bırakıyor, coşkuyla yeniyi kabul ediyorum.

Basur: Son teslim tarihleri –yetiştirememe– korkusu. Geçmişe duyulan öfke. Bırakmaktan korkma. Kendini yük altında hissetme.

Sevgiye benzemeyen, ona ters düşen her şeyi bırakıyorum. Yapmak istediğim her şey için yeterli zaman var.

Migren: Değersizlik duygusu. Korku. Kendini eleştirme.

Kendimi seviyor ve onaylıyorum. Kendimi ve yaptıklarımı, sevgi gözleriyle görüyorum. Emin ellerdeyim.

Zührevi hastalıklar: Kötü bir insan olduğu için cezalandırılma ihtiyacı duyma.

Bedenimi seviyorum. Cinselliğimi seviyorum. Kendimi seviyorum.

Bellek yitimi-Unutkanlık: Hayattan kaçış. Kendine sahip çıkamama.

Zekâ ve cesarete sahibim ve değerliyim. Yaşamak güvenli bir şey.

Tüm deneyimlerimi ben yaratırım. Ben gücün ta kendisiyim. Kadın olduğum için seviniyorum. Özgürüm.

Beyin-omurilik menenjiti: Hastalıklı düşünme biçimi ve hayata karşı şiddetli öfke duyma.

Tüm suçlamaları bırakıyor ve hayatın barış ve sevincini kabul ediyorum.

Nefes darlığı-Solunum rahatsızlıkları: Korku. Yaşam sürecine güvenmeme. Çocukluk dönemine saplanıp kalmış olma.

Büyümek iyi ve güvenli-tehlikesiz bir şeydir. Dünya güvenli bir yer. Ben emin ellerdeyim.

Böbrek sorunları: Yargılama, düş kırıklığı, başarısızlık. Utanç. Çocuk gibi tepki gösterme.

Daima doğru adım atıyorum. Her deneyim yararlı. Hayatımda daima Tanrısal doğru eylem gerçekleşiyor. Her deneyimden yalnızca hayırlı ve yararlı şeyler elde ediyorum. Büyümek güvenlidir.

Böbrek taşları: Halledilmemiş, çözülmemiş öfke yumruları.

Tüm geçmiş sorunları kolaylıkla çözüyor ve ortadan kaldırıyorum.

Bronşit: Bağırılıp çağırılan aile ortamı. Huzursuz bir aile ortamı. Tartışmalar ve bağrışma. Bazen sessiz bir sürtüşme.

İçimde ve çevremde barış ve uyum ilan ediyorum. Her şey yolunda.

Alzheimer: Çocuğun güven dolu sanılan dünyasına geri dönmek. Bakım ve ilgi talep etmek. Etrafındakileri bir çeşit kontrol etme yolu. Kaçış.

Korunma. Güven. Barış. Evrensel akıl hayatın her boyutunda çalışıyor. Tanrısal koruma. Güvenlik. Huzur. Evrensel zekâ hayatın her düzeyinde iş görür.

Cilt rahatsızlıkları-Kurdeşen, Sedef hastalığı, İsilik: Kaygı, korku. Eski, derine gömülmüş bir tehlike. Dokunulma yoksunluğu. Bireyselliğimizin tehdit edildiğini hissetmemiz. Başkalarının üzerimizde güce sahip olduklarını hissetmemiz. Eski, gömülmüş karışıklık.

Barış ve sevgi düşünceleriyle kendimi koruyorum. Geçmişi unuttum ve affettim, özgürüm.

Cushing hastalığı-Böbreküstü bezi rahatsızlıkları: Zihinsel dengesizlik. Ezici, baskı yapıcı fikirleri fazlasıyla üretme. Kendini yenik düşmüş, güçsüz hissetme.

Sevgiyle bedenimi ve zihnimi dengeliyorum. Şimdi bana iyi duygular veren düşünceleri seçiyorum.

Çocuk felci: Paralize eden kıskançlık. Birisini durdurma isteği.

Her şey, herkese yetecek kadar çok. Sevecen düşüncelerle özgürlüğümü yaratıyorum.

Diyabet: Geçmişteki seçimlerinden pişmanlık duymak. Hayatı kontrol altına alma ihtiyacı. Derin üzüntü. Hayattan tat almama.

Bu an güzelliklerle dolu. Günün tatlı yönlerini görmeyi, yaşamayı seçiyorum.

Dizanteri: Korku ve yoğun öfke.

Zihnimde sükûnet yaratıyorum ve bedenim bunu yansıtıyor.

Ben hayat, enerji ve yaşama sevinciyle dopdoluyum.

Epilepsi-Sara: Eziyet çekme. Hayatı reddediş. Kendine yönelik şiddet.

Hayatı sonsuz ve haz dolu olarak görmeyi seçiyorum. Ben de sonsuz, haz dolu ve huzurluyum.

Enfeksiyon: Sinirlenme, öfke, sıkıntı.

Rahat, uyumlu olmayı seçiyorum.

Eritem: Vazgeçme, hakkını talep etmektense ölmeyi yeğleme. Öfke ve cezalandırma.

Kendi adıma çekinmeden konuşuyorum. Kendi gücüme sahip çıkıyorum. Kendimi seviyor ve onaylıyorum. Özgürüm, güvenlik içindeyim.

Felç: Korku. Direnç. Bir durumdan ya da kişiden kaçış.

Tüm hayatla birim. Her durum için tam anlamıyla yeterliyim.

Fıtık: Zedelenmiş ilişkiler. Gerginlik.

Kendimi seviyorum ve onaylıyorum. Kendim olmakta özgürüm.

Filebit-Bacaktaki toplardamarların iltihabı: Öfke. Hayatındaki sınırlamalar, yoksunluklar ve mutsuzluk için başkalarını suçlama.

Neşe içimde özgürce dolaşıyorum ve hayatla barış halindeyim. Mükemmel bir denge içinde besleniyor ve besliyorum. Hayat sonsuz ve haz doludur. Her yeni anı yaşamak istiyorum.

Göz-Hipermetrop: Anda yaşanılanların değerini bilmemek ve korkmak.

Şimdi ve buradayım. Güvende olduğumu görüyorum.

Göz-Miyop: Gelecek korkusu.

Grip: Kitlesel karamsarlık ve inançlara uyum. Korku. İstatistiklere inanmak.

Toplum inançlarının ötesindeyim. Toplumsal etkilerden özgürüm.

Gut hastalığı: Tahakküm etme ihtiyacı. Sabırsızlık. Kızgınlık.

Kendimle ve başkalarıyla barışığım ve huzurluyum. Emin ellerdeyim. Tehlikelerden uzağım.

Hemoroit: Geçmişe duyulan kızgınlık. Geçmişin sorumluluğu altında ezilme.

Yapmak istediğim her şey için zamanım var. Sevgi olmayan her şeyi bırakıyorum.

Hipertiroidi: İstenen şeyi yapamamaktan duyulan düş kırıklığı. Daima kendini değil, hep başkalarını düşünmek.

Gücüme yeniden sahip çıkıyorum. Kararlarımı kendim veriyorum. Kendi mutluluğumun doyumunu yaşıyorum.

Hiperventilasyon: Korku. Değişime karşı duymak. Gidişata güvenmemek.

Nerede olursam olayım güven içindeyim. Hayatın akışına güveniyorum.

Hipofiz: Kontrol merkezi.

Zihnim ve bedenim mükemmel denge içinde.

İdrar yolu enfeksiyonu: Genellikle karşı cinse duyulan öfke. Başkalarını suçlamak.

Bu koşulları yaratan bilincimdeki kalıpları değiştiriyorum. Değişmeye hazırım. Kendimi seviyorum.

Kalça sorunları: Büyük kararlar almada duyulan korku. Gidilecek bir yönün olmaması.

Hayatım denge içinde. Her yaşta kolaylıkla ve zevkle hayatımda ilerleme gösteriyorum.

Kalp trombozu-Kalbi besleyen atardamarlardan birinin bir kan pıhtısıyla tıkanması: Kendini yalnız ve panikte hissetme. "Ben yeterince iyi değilim. Yaptığım yeterli değil. Asla başaramayacağım" yaklaşımı.

Tüm hayatla birim. Evren beni bütünüyle destekliyor. Her şey yolunda.

Kalp damarlarının daralması: Zihinsel katılık, katı yüreklilik, çelik gibi irade, esnek olmama. Korku.

Sevecen, mutlu düşünceleri seçerek sevecen, mutlu bir dünya yaratıyorum. Güvenli ve özgürüm.

Kanser: Derin acı. Uzun süre taşınan kırgınlık, sır, hüzün bedeni kemiriyor. Nefreti içine gömmek.

Geçmişle ilgili her şeyi sevgiyle affediyorum. Yaşamımı mutlulukla doldurmayı seçiyorum. Kendimi seviyorum.

Katarakt: Geleceği olumsuz tasvir etmek.

Hayat sonsuzdur ve haz doludur. Her ana heyecanla yaklaşıyorum.

Kısırlık: Hayat sürecine duyulan korku ve direnç.

Hayata güveniyorum. Doğru yerde, doğru zamanda, doğru şeyi yapıyorum. Kendimi seviyorum ve onaylıyorum.

Kolit-Bağırsaklar kolit spazmlı: Eziyet çekme ve yenilgi duygusu. Şefkate duyulan büyük ihtiyaç. Bırakmaktan korkma. Güvensizlik.

Kendimi seviyorum ve onaylıyorum. Mutluluğumu kendim yaratıyorum. Hayatta "kazanan" olmayı seçiyorum. Hayatın mükemmel ritminin ve akışının bir parçasıyım. Her şey Tanrısal doğru düzen içinde. Güvenlik içinde yaşıyorum. Hayat ihtiyaçlarımı bana daima sağlayacaktır. Her şey yolunda

Gelişmeye ve değişime hazırım. Şimdi güvenli yeni bir gelecek yaratıyorum.

Larenjit: Öfkeden konuşamamak. Otoriteye kızgınlık. Konuşmaktan korkmak.

İstediklerimi rahatlıkla dile getiriyorum. Kendimi ifade edebiliyorum.

Güvendeyim. Hayatın bana daima iyilikler getireceğine güveniyorum.

Migren-Baş ağrıları: Köşede sıkışıp kalma duygusu. Cinsel korkular. Kusursuz olma isteğiyle kendi üzerinde aşırı baskı yaratma. Epey bastırılmış öfke. Hayatın akışına direnme.

Kendimi hayatın akışına bırakıyorum ve hayatın tüm ihtiyaçlarımı kolayca ve rahatça sağlamasına izin veriyorum. Hayat benim için var. Hayat benim hayatım.

Narkolepsi-Uyku bozukluğu: Her şeyden uzaklaşma isteği. Aşırı korku.

Kutsal bilgeliğin gücüne ve rehberliğine güveniyorum.

Omurga eğriliği: Hayata güvenmemek. Onursuzluk. Cesaretsizlik. Hayatın desteğiyle akma yeteneğinden yoksunluk. Korku ve eski fikirlere tutunmaya çalışma. Hayata güvenmeme. Bütünlükten yoksunluk. Kesin kanılar edinme cesareti gösterememe.

Tüm korkularımdan kurtuluyorum. Artık yaşam sürecine güveniyorum. Hayatın benim için var olduğunu biliyorum. Sevgiyle, kendinden emin ve dik duruyorum. Korkularımı yeniyorum. Bu, benim hayatım.

Ödem-Şişkinlik, su toplaması: Bırakamama.

Geçmişi seve seve geride bırakıyorum. Bırakmak iyi ve güvenli (tehlikesiz) bir şeydir. Artık özgürüm.

Paget hastalığı-Kemik iltihabı: Kendine destek olacak hiçbir dayanağın, hiçbir kurumun kalmadığını hissetme. "Kimse beni umursamıyor" inancı.

Hayatın beni olağanüstü ve görkemli bir biçimde desteklediğini biliyorum. Hayat beni seviyor ve önemsiyor.

Pamukçuk: Dudaklardan dökülmesi engellenen çirkin, suçlayıcı sözcükler.

Sevgi dolu dünyamda yalnızca sevinç dolu deneyimler yaratıyorum. Değiştirmekte özgür olduğumu bilerek, verdiğim kararları sevgiyle kabul ediyorum. Güvenlik içindeyim.

Pankreas iltihabı: Reddetme. Hayat tatlılığını yitirmiş göründüğü için öfke ve düş kırıklığı hissetme.

Kendimi seviyor ve onaylıyorum ve tek başıma hayatımda tatlılık ve neşe yaratıyorum.

Parkinson hastalığı: Korku. Herkesi, her şeyi aşırı kontrol etme arzusu.

Güvende olduğumu bilerek rahatım. Hayatım bana ait. Hayat benim için var ve yaşam sürecine güveniyorum.

Peptik ülser: Yeterli olmama inancı. Başkalarını memnun etme kaygısı.

Kendimi seviyorum ve onaylıyorum. Kendimle barışığım.

Prostat sorunları: Cinsel baskı ve suçluluk. Yaşlanma korkusu.

Kendimi seviyorum ve onaylıyorum. Gücümü kabul ediyorum. Ruhum daima genç.

Sara: Zulüm duygusu. Hayatı reddetme. Büyük bir mücadele verme duygusu. Kendine karşı zorbalık.

Hayatı sonsuz ve sevinçli olarak görmeyi seçiyorum. Ben sonsuzum, sevinçliyim ve barış halindeyim.

Sarılık: İçsel ve dışsal önyargı. Dengesiz mantık.

Kendim ve herkes için sevgi, anlayış ve şefkat duyuyorum.

Sedef hastalığı: İncitilmekten korkma. Kendi duygularını uyuşturma. Duygularının sorumluluğunu kabullenmeyi reddetme.

Hayatın sevinçlerine karşı istekliyim. Hayatta benim için en iyi olanı hak ve kabul ediyorum. Kendimi seviyor ve onaylıyorum.

Sıtma: Doğayla ve hayatla olan dengeyi yitirme.

Hayatın bütünüyle birlik ve denge içindeyim. Emin ellerdeyim.

Eskiyi rahatça ve kolayca bırakıyor ve yeniye "Hayatıma hoş geldin" diyorum. Emin ellerdeyim.

Sivilce: Kendini kabul etmemek. Kendinden hoşnut olmamak.

Hayatın kutsal bir ifadesiyim. Kendimi şu anda olduğum gibi seviyorum ve kabul ediyorum.

Tüberküloz: Bencillikle kendi kendini yok etmek. Hükmedici sabit düşünceler. Öç alma ihtiyacı.

Kendimi sevdikçe ve onayladıkça, daha huzurlu, barışçıl bir dünya yaratıyorum.

Benim Tanrı anlayışım beni destekliyor. Ben normal ve doğalım. Kendi cinselliğimden ve bedenimden mutluluk duyuyorum. Ben harikayım.

Uyku hastalığı (narkolepsi): Hayat sürecine güvenmemek. Suçluluk. Başa çıkamama. Aşırı korku. Kaçıp kurtulmayı isteme. Burada olmak istememe.

Günü ardımda bırakıyor, huzurlu bir uykuya dalıyorum. Yarın yeni bir gün ve çözümleriyle geliyor. Tanrısal bilgeliğin ve rehberliğin beni her zaman koruduğuna güveniyorum. Emin ellerdeyim.

Varis: Bulunduğu durumdan nefret etmek. Cesareti yitirmek. Aşırı yük taşıdığını hissetme. Nefret ettiğiniz bir işte ya da bir yerde bulunmanız. Hevesinizin kırılması. Gücünden fazla çalıştığını ve taşıyabileceğinden fazla yük yüklendiğini hissetme.

Hayatı seviyorum ve özgürce hareket ediyorum. Gerçekten ayakta duruyor ve neşeyle yaşayıp hareket ediyorum. Hayatı seviyorum ve özgürce dolaşıyorum.

Her yaşta kendimi seviyorum ve onaylıyorum. Hayatın her anı mükemmel.

Yüz felci: Öfke üzerinde aşırı kontrol. Duygularını ifade etme konusunda isteksizlik.

Duygularımı ifade etmem, benim için iyi ve güvenli (tehlikesiz) bir şeydir. Kendimi bağışlıyorum.

Zatürree: Umutsuzluk. Hayattan bıkkınlık. Duygusal yaraların iyileşmesine izin verilmemesi.

Yeni düşünceleri kabul ediyorum. Bu an, yeni bir an.

Zona: Korku ve gerginlik. Aşırı duyarlılık.

Dinginim ve huzurluyum. Çünkü hayatın akışına güveniyorum.

ŞİFA OLSUN

OLUMLU DÜŞÜNCENİN GÜCÜ

Hepimiz; ailemizde, arkadaşlarımızda ya da diğer kişilerde belirgin bir yolla şu ya da bu şekilde fark yaratabilen, özel insanlar olduğumuza inanmak isteriz. Çoğu zaman da önce ailemiz tarafından, daha sonra sosyal çevremiz ve sahip olduğumuz statülerin getirdikleriyle birlikte özel olduğumuza dair inancımız daha da artar. Hayatımızın birçok anında, iyi ya da kötü gerçekten neleri istediğimiz ve neleri hak ettiğimiz konusunda bir fikrimiz olmuştur.

Buna karşılık çoğumuz yaşamın güçlükleriyle karşılaşınca, hayallerimizi unuturuz. Toplum olarak negatif duygulara fazlasıyla ve hızlıca giriş yapabiliyoruz. Özlemlerimizin geleceğimizi yönlendirme gücünü unutarak, onları bir kenara bırakırız. Güven ve ümidimizi kaybederiz. Yaşamda her şeyi değiştirecek gücün, içimizde uyuyor olduğunu hatırlamayız. Çünkü az evvel okuduğunuz üzere acılara tutunmak daha kolay gelir. Size bir sır vermek istiyorum.

Bugünden başlayarak, bu gücü uyandırabilir ve hayallerinizi hayata geçirebilirsiniz.

Olumlu düşünme, pozitif bakış açısı geliştirme, acılara tutunmama, kötünün içindeki iyiyi görme çabası şüphesiz önemli bir başlangıçtır ve olması gerekendir. Yalnız nelerin ne kadar yanlış olduğu yerine ya da acılara tutunmak yerine her gün, "Tamam, yeniden başlıyorum" demek yerine, nelerin nasıl çözümleneceği üzerinde durmalısınız. İlk hedefiniz bu yönde olmalı. Sorunun ana kaynağını tespit etmeli ve çözüm odaklı olup kendinizi iyi hissedecek şeylere yönelmelisiniz. Tek başına olumlu düşünce, her şeye tozpembe bakma çabası yaşamımızı değiştirmek için yeterli değildir. Nasıl düşündüğünüzü, nasıl hissettiğinizi ve yaşadığınız her gün yaptığınızı değiştirmek için, bazı stratejilere sahip olmanız gerekir. Ben buna, "Her gün ne kadar yaklaştım ya da ne kadar uzaklaştım, hayallerimin ve düşüncelerimin neresindeyim?" sorusunu sorduğum yaşam ağacı planı diyorum.

Yaşamınızda şeyleri değiştirmek ya da geliştirmek istiyorsunuz değil mi? Değiştirmek istediğiniz şeyleri iki grupta toplayabiliriz; ya hislerimizi (daha fazla güven duymak, korkularımızı yenmek, mutlu olmak, geçmişte olanlar için kendimizi daha iyi hissetmek gibi) ya da eylemlerimizi (sigarayı, içkiyi, ertelemeyi bırakma gibi farklı şeyleri) değiştirmek isteriz. Asıl sorun; herkesin bu değişiklikleri yapmak istemesine rağmen, çok az kişinin bunların nasıl yapılacağını bilmesi ve sonsuza kadar sürdürebilmesidir. Bunun için bazı temel teknikleri kullanarak, yaşamınızın kalitesini denetlemeye ve değiştirmeye başlayabilirsiniz.

Şu anda bu sürecin sizin lehinize çalışması için gerekli olan tek şey, değişimin mümkün olduğuna inanmakla işe başlamaktır. Geçmiş önemli değildir. Geçmişte işe yaramayan hiçbir şeyin, bugün yapacaklarınızla herhangi bir şekilde ilgisi yoktur. Şu anda yapacaklarınız, geleceğinizi şekillendirecektir. Hemen şimdi kendi kendinizin dostu olmalısınız. Olanlar için kendinizi yıpratmak yerine, derhal sorunlarınızın çözümü üzerinde yoğunlaşmalısınız.

Olumlu düşünceye odaklanırken hedef, kızgınlığı tamamen sistemimizden çıkarmak değil, kızdığımızda nasıl davranmamız gerektiği konusunda kendimizi eğitmek, üzüldüğümüzde ağlamamak değil, üzüntümüzü hafifletmek için neler yapabileceğimizi bilmek, endişelendiğimizde hiç endişelenmemiş gibi yapmak değil, endişelerimizden kurtulmak için neler yapmamız gerektiği konusunda gelişmek olmalı. Unutmayın ki olumlu ve iyi düşüncenin yaydığı pozitif enerjinin dönüp dolaşıp yeniden sizi bulacağı fikri de geçmişten günümüze kadar gelen bir anlayış.

Yunus Emre ve Mevlana'nın yazıları ile Hayyam'ın rubaileri de olumlu düşüncenin getireceği mutluluğa işaret ediyor.

Mevlana, "Kardeşim sen düşünceden ibaretsin. Geriye kalan et ve kemiksin. Gül düşünürsün, gülistan olursun, diken düşünürsün dikenlik olursun" diyerek bu düşünceyi özetlerken, Ömer Hayyam da, "Gönlüm aranıp dünleri feryat etme, kan almak için yarınlar icat etme, dünler düş olup gitti, yarınlarsa hayal, cahilce şu gerçek günü berbat etme" diyerek insanları olumlu düşünmeye davet ediyor.

Doğada, evrende her şey karşılıklı etkileşim halinde, zihinle beden arasında da bu şekilde bir etkileşim var. Zihindeki olumlu düşünceler, bedende birtakım olumlu sonuçlar yaratıyor. Mutlu insanların beyninde endorfin hormonu salgılanıyor. İnsanlar ne kadar mutlu, ne kadar pozitif ve yüksek frekansta olursa, fiziksel olarak da o kadar sağlıklı oluyor, bağışıklık sistemi daha fazla güçleniyor.

Bugün artık başarının ve sağlıklı olmanın yolu da pozitif düşünmekten geçiyor. Bu iki kelimeyi hayat felsefesi olarak benimseyen insanlar, umudunu, güvenini, iyimserliğini kaybetmeden kendine güvenen, cesur ve inisiyatif sahibi bireyler olduklarını çevrelerine hissettiriyor. Sonuç olarak sağlıklı, üretken ve başarılı bir hayat için yaşam enerjimizi artıran, "Olumlu Düşünce"yi hayatımızın odak noktasına koymak bize çok şey kazandıracak.

"Siz, değişime izin verip gülümseyin, hayat da size gülümsesin."

AŞKOLSUN

İLAHİ REHBERLİK VE ŞİMDİNİN GÜCÜ

"Başaramazsanız, bir daha
yapın. Yine başaramazsanız,
bir daha deneyin. Bir daha...
Unutmayın, her zaman
bir seçenek daha vardır.
Başarıya ulaşamayanların
yüzde doksanı yenilgiye
uğramamıştır. Sadece pes
etmişlerdir!"
– Paul J. Meyer

İlişkilerimizde dürüstlüğün önemi ne kadar yüksek derecedeyse Allah ile olan bağlantımızda da o denli yüksek önemdedir. Bizler niyetlerimizde veyahut başımız dertte olduğunda yaratan yüce Allah'tan yardım dileriz, sonra ettiğimiz her duanın, her niyetin de peşine düşeriz. Halbuki unuttuğumuz şudur:

Allah'ın birlik ve özgür irade yasası gereği O'nun müdahalesi olmadan seçkiler ve hatalar yapmakta özgür olduğumuzdur. Bizler her peşine düştüğümüz duada Allah'ın yardımına direnç gösteririz. O'nun ilahi rehberliğine kendimizi kapatırız. Unutuyoruz, bizi bizden daha iyi bilen Rabbimiz olduğunu. Unutuyoruz, bizi kendi nurundan var eden yüce Allah'ın sevgisini. İsyan enerjisine alıyoruz benliğimizi. Gerçekte bilinmesi gereken en hassas konudur, istenildiği anda sizi bekletmeden tüm dualarınızı 7/24 cevaplayacak en önemli hattır ilahi rehberlik hattı. Hatırlayın, O'nun nurundan var olduğunuzu, bizler yüksek benliğimiz sayesinde Allah'ın ilahi rehberliğini en berrak, en doğru şekilde alıyoruz. Engeller çıkmaya başladığında en gerçek duygu ego, karşımızda duruyor ve korku frekansının içinde çırpınan bir varlık haline dönüşüyoruz.

Egoyu "düşük benlik" olarak adlandırdığım zaman kendi korkularını benim saf ve nurlu yapıma yerleştirmesi aklıma gelir. Kendi korkularını bana empoze ettikçe, frekansım yerle bir olur ve ben ilahi rehberliği talep ettikçe sahte rehberlikle karşı karşıya kalırım. Bilinçaltımda bu durumu fark etmediğinden otomatik sistem devreye girer ve yaşamımdaki tüm pozitif odak alanlarımı bloklamaya başlarım. Sonuç olarak bu sahte rehberlik, insana sistemde kayıt altında olan ve bizim sonsuz sınırsız hakkımız olan tüm pozitif enerjiyi kaybettirir. Yaşamımızda ne kadar sınırlandırılmış negatif kodlamamız varsa hepsi gün yüzüne çıkar ve bizler veryansın ede ede durumdan kurtulmaya ve isyan moduna devam ederiz. O zaman yapılması gereken şeyin anda ve ilahi rehberliğin gücünde yaşamımıza sevinçle bakmayı, ilahi aşkın temeline bağlanmayı sonuna kadar öğrenmek.

İlahi aşk seni senden öldürür, seni sana bildirir derler ya hani, olması gerekenin en muhteşem zamanda olacağından şüpheye düşmeden ölmeyi seçmeli insan. "Nefsini bilen Rabb'ini bilir" ayeti canlanır tam da bu anda.

İlahi nizam senin kalbinde her an akışta ve rehberlik yapan en muhteşem sistemdir. Kalp bağlantısını gerçekleştirmiş olan varlık, en doğru bilgiyi sürekli olarak akıştan alır. "Aklıma gelen başıma geldi" söyleminin olumlu haline baktığımızda uzun zamandır görmediğiniz arkadaşınızı düşünürsünüz pat diye arar, yakınınızın başı derttedir ve siz bunu hissedersiniz, trafikte ani bir hareket yaparsınız ve büyük bir tehlike yanınızdan geçer gider, "Nasıl yani?" dersiniz. İçinizden gelen sesi duymuşsunuzdur, aslında o sizi felaketten kurtarmıştır. Örnekleri çoğaltabiliriz, farkındalık ve saf bağlantı sürekli Allah ile bağlantınızı güçlü tutar. İlahi nizam her daim sizi koruması içinde sevgiyle sarmalar. Sadece farkındalık ve saf bağlantı gereklidir.

Metafizik düzeyde rehberliğin içine girdiğinizde her şeyin birbirine bağlı olduğunu ve her şeyin tek bilinç içerisinde var olduğunu anlamaya başlarsınız. Zihinsel yaklaşımla O'nun her yerde ve her şeyde var olduğunu bilmek, canlı cansız evrendeki her şeyin içindeki saf bilinç olduğunu bilmek kâinatın var olma sebebi sevginin temeline bağlı olmak demektir.

Bizlere dayatılan din içerisinde ibadetlerde dahi derin bir korku empoze edildi. Halbuki dinin temelinde de Yaradan'ın saf bilinci var. Bizden beklenen ve istenilen kalp bağlantısını doğru yapmak ve her an verilen mesajları doğru okuyabilmek. Biz baştan aşağı Yaradan'ın saf bilincinin bir parçasıyız ve biriz. Her şey tam ve bütün.

Bizler sadece tek bir boyutta değiliz. Dolayısıyla tüm boyut ve realitelerde kendi gerçekliğimizi kendimiz var ederiz. Bize verilen şuur kapısı içinde O'nun varlığını zihinsel bir betimlemeye dönüştürmek imkânsızdır. Çünkü O her formun en içteki, görünmez ve yok edilemez özüdür, Yaradan'ı zihninizin ve kalbinizin içinde en derin sessizlikte anlamaya ve hissetmeye başlarsınız.

Tabii çoğu zaman sahte rehberlikle yüz yüze kalırız. Aslında gelen sesler egonun konuşmalarının yansımasıdır. Çoğu zaman olgun olmayan bir ses tonu kullanır ve önerileri sıra dışıdır. İçsel korkular yaşatmaya başlar. Kendinizi yalnız hissedersiniz, kaygı, endişe tüm benliğinizi ele geçirmeye başlar. Her konuşmaya "Ben" diyerek başlar. Konuşma tarzı ve biçimi sert ve ukaladır. Şiddet yanlısıdır. Yak, yık der. Yaşama olan bağlılığınızı ve enerjinizi tüketir çünkü o EGO'dur. Sahte rehberliğin bu denli sert gelişinin esas sebebi nefsinizle olan imtihanınız ve ne kadar yenik düştüğünüzle ilintilidir.

Gerçek bir rehberlikte öz bağlantı yapıldığında, olgun, naif, sevecen, yapıcı bir ses tonu size eşlik eder. Önerileri daimi yapıcıdır, kendi gerçekliğinizden size yansıma yaparak en doğru yolu bulmanız için yardım eder. Endişe, kaygı, korku barındırmaz. Verdiği rehberlikle kendinizi güvende hissedersiniz. Sevgi enerjisi her bir hücrenizden dışa doğru fışkırır ve size zulüm olan her neyse sevgiye dönüştürür. Nefsin değildir konuşan, kalbinin sesidir. Kalp kapısına ulaşmış ilahi tüm bilgeliği alıyorsundur.

Unutmayın ki gerçek rehberlik sizi her zaman destekler ve aniden gelir. EGO'nun erteleme ve düşüncesizce davranmaya sevk eden tuzaklarına düşmemek için Allah'ın ilahi nizam sistemi içerisinde bizimle sürekli olarak iletişimde olduğunu, aydınlığa sevk edecek bilgileri aktardığını, tam teslimiyet ve irade teslimiyle her şeyin pozitif akıcı yönde lehinize olduğunu bilin.

Kendinizi zihinden ve egonun pençesinden kurtarmak istiyorsanız kendinize yapacağınız en büyük gelişim yatırımının anda kalmayı öğrenmek ve şimdiye odaklanmayı başarabilmek olduğunu hatırlayın. Zihniniz konuştukça, siz düşünceyi dinlerken ve izlerken esaretin ortasında kalakalırsınız. Zihninizde beliren düşünceleri şimdiye getirirseniz düşünce akışında kocaman bir boşluk yaratırsınız. Bu boşluk zihinsel faaliyetten uzaklaşmanıza, farkındalığınızı artırmaya, hissetmeye ve en önemlisi şimdiye kadar düşünemediklerinizi düşünmeye ve aydınlık bilince sahip olmanıza olanak tanır. Kendinizi şimdiye getirmek için basit bir uygulama kullanabilirsiniz. Örneğin, ellerinizi yıkarken eyleminizin farkında olun. Duygusal tüm algılarınızı açın, suyun sesine, ellerinizin hareketine, sabunun kokusuna ve size verdiği hisse odaklanın. İçinizde duyduğunuz huzurun tadı ve derecesi sizin ne kadar şimdiye geldiğinizi başarabildiğinizi size gösterecektir.

Yaşamınızı sürdürürken tüm dikkatinizi tamamıyla içinize yöneltmek başlangıçta zor gibi görünse de zaman içerisinde dış dünya ve içdünyanız arasında dengede olduğunuzu fark edebilir hale geleceksinizdir.

İlahi nizam rehberliğini şifa yolunuzda da kullanabilirsiniz. İlahi ışık devrededir. Çeşitli işlevlere sahip teknolojik bir dua gibidir. Sizi çevreleyen kötülüklerden ve çevredeki ortamınızda var olan olumsuzluktan korunma biçimidir. Ayrıca bilinç ve farkındalığınızı artırarak içsel benliğinizi güçlendirmeye yardımcı olur. Hayatınızda en önemli olan insanlar ve nesnelerle ilgili enerjinizi koruyan, iyileştiren ve güçlendiren bir mekanizma olarak hizmet eder. Kendinizi koruduğunuz birçok fiziksel ve psikolojik konu katmanı tarafından örtülür. Onun saflığı melekler gibi, hayatınızda size yardımcı olma yeteneği ile bilinir.

İlahi Işık'ın, titreşim enerjinizi yükseltebileceğiniz en güçlü ışık kaynağı olduğunu bilin. Değişim için güçlü bir araçtır, şifada pratik bir yoldur. Herkesin içinde bu ışık var. Öz bağlantınızı süreklilikte tutmak için, her an şifa kanalına bağlanabilmek için ideal yoldur. Bu, ilahi nizamın doğası hakkında daha derin bir anlayış elde etmenize yardımcı olur ve içinizdeki yüksek bilinç hakkında en üst seviyeye ulaşmanıza olanak tanır.

Günümüzde insanlar kendilerini tehdit altında hissettiklerinde veya çevrelerindeki bazı negatif enerjilerin kendilerini ele geçirmesinden korktuklarında İlahi Işık çevresinde kendilerini sararlar. Bununla birlikte, insanların, şifa yeteneğine sahip, büyük bir koruma kaynağıdır. Üzüntü ve depresyon anlarında, hayatınıza mutluluk getirecektir; eğer kırılırsanız, sizi onarır. Hayatta yardıma ihtiyacınız varsa, sizi başarıya götürecek yolu gösterecektir.

Fiziksel görselleştirme yoluyla çalıştırılabilecek çok etkili bir koruma şeklidir. Işığın elektromanyetik özelliklerinin canlıları etkilediği bilinmektedir. Vücudun doğaya ayarlı kalmasına yardımcı olur ki bu ilahi olanın kendi evidir.

İlahi Işık'ı çağırmak için, oturabileceğiniz rahat ve huzurlu bir yer bulmanız gerekir. Sadece zihninizin huzur içinde hissedeceği bir yer bulun. Herhangi bir rahatsızlık vermeden meditasyon yapabileceğiniz bir yer.

Hadi başlayalım.

Gözlerinizi kapatın ve çok yavaş nefes almaya başlayın, zira aklınıza gelebilecek tüm düşünceleri farkındalıkla düşünce sisteminizden uzaklaştırın. Tüm odağın ışık çağırma üzerinde olduğundan emin olun ve başka bir şey düşünmeyin. Farkındalığınızı ilahi hattınızda yani omurilik boyunca toplamaya başlayın. Bunu yapmakta zorlandığınız an tekrar gözlerinizi açın ve etrafınızdaki tüm objeleri, odayı izleyin. Nerde olduğunuzu fark edin, nefes alışverişinize odaklanın ve tekrar gözlerinizi kapatın. Zihninizin boş olduğundan ve ilahi ışığın çağrılmasına tam olarak odaklandığından emin olduğunuzda, yardımlarını ve rehberliklerini aramak için dua ederek Melekleri çağırın.

Dua şu şekilde olabilir:

"Sevgili Melekler, Koruyucu Meleğim ve Baş Meleklerim, ilahi ışığımı hayatım boyunca çağırdığım için rehberlik ve

yardım istemenizi rica ediyorum. Titreşim frekanslarımı yükseltmeme bedenimi, aklımı ve ruhumu ilahi ışıkla kutsamama ve onurlandırmama yardım edin. Hayatımın her aşamasında bana yardım ettiğiniz için teşekkürler."

Şimdi, ışığınız bir kabarcık tarafından çevrilmiş gibi parlak bir ışıkla çevrelenmiş olduğunuzu düşündüğünüzde, odağınızı tekrar çağırma sürecine kaydırmanızın zamanı geldi. Bu ışık, kozmik ışık, Allah'ın ışığı veya İlahi Işık olarak da bilinen en saf ışık kaynağı nur kafanızın üstünde yoğunlaşmıştır.

Bu ışığın kafanızın üstünden tepe çakranızdan içeri girdiğini, tüm bedeninizi bir kap gibi doldurmaya başladığını, her organa, her bir hücreye doğru akmaya başladığını düşünün. Tüm bedeniniz, zihniniz ve ruhunuz İlahi Işık'la, nurla dolarken titreşiminiz değişmeye başlayacaktır.

Bu zamanda, rahatlamanız, vücudunuzun, zihninizin ve ruhunuzun ışığı mümkün olan maksimum sınıra çekmesine izin vermeniz gerekir. Kalbinize en yüksek ışıkla odaklanmanız gerekir. Çünkü maksimum ışığın girmesini sağlayarak maksimum iyileşmeye ihtiyaç duyarsınız. Vücudun her bir bölümünün İlahi Işık'ı almasını sağlamak için vücudunuzun her bir bölümüne sınırlı sürelerle odaklanın. Vücudunuzun tüm parçaları ışık tarafından arındırılınca kalbiniz genişliyormuş gibi hissedeceksiniz ve ışıklar daha da parlaklaşmaya başlayacak. Parlaklık, içsel varlığınız iyileştikçe ve bilinciniz yükselmeye başladıkça negatif titreşim frekanslarınızı azaltır, sevgi frekansının yükselmesiyle dönüşüm kapısı açılmış olur.

Kalbiniz doyuma ulaştığında ışık gelmiştir. Artık yavaş, sakin ve dengeli nefes almaya başlayın. Vücudunuzun içindeki yüksek enerji seviyesi, rahatlamanızı gerektirir. Süreç tamamlandığında, enerjiyi daha iyi hissedeceksiniz. Vücudunuzun içi daha önce içinde yaşadığınız tüm olumsuzluklardan arınmış hissedecek. Meleklerin yardıma ihtiyaç duyduğunuz her konuda yardımcı olmak için her zaman hazır olduğunu bilin. Dua edin ve istediğiniz yardımı alın.

AŞKOLSUN

5. BÖLÜM

EVRENSEL YASALAR

Evrenin bazı temel yasaları vardır ve bunlar hiçbir zaman değişmez ve düzenli bir şekilde işlerler. Evrenin yasalarını bilmek demek, evrensel güçleri anlamak ve doğru bir şekilde kullanmak demektir. Gerçek bir bilge, evrenin yasalarını anlayan ve evrenle uyumlu olarak yaşayabilen kişidir.

Evrensel yasalar gereğince, evrende her şeyin birbiri ile bağlı olmasını açıklayan yasalar vardır. Bu yasalar tesadüf olayını ortadan kaldırır. Her şeyin bir nedeni vardır. Kadir-i Mutlak Yaradan'ın tek bir "OL!" demesi tüm bu evrenleri, kâinatı, galaksileri, yıldızları, güneş sistemlerini ve gezegenleri oldurmaya yetmiştir. Her şey Bir'in yasasına bağlıdır. Ama hepimizin bildiği gibi Kadir-i Mutlak Yaradan'ın "OL!" kelimesi her şeyin bir anda tezahür etmesini değil, bir zaman katlamasında adım adım kanunlara bağlı olarak yaratılmasını, oluşturulmasını ifade eder. Bu yönden Kadir-i Mutlak Yaradan, her şeyi bir ölçü ve sisteme göre yaratıma sokmuştur.

Kamer Suresi, 49. Ayet

"Gerçek şu ki Biz her şeyi şaşmaz bir düzen içinde yarattık/ her şey zamanı gelince gerçekleşir."

Ayette de dendiği gibi her şey belli bir düzen içinde yaratılmıştır ve bu düzen içinde ilerlemektedir. Bu düzen evrenin kozmik yasalarını içerdiği gibi tüm makro kozmosu etkilemesinin yanı sıra doğal olarak mikro kozmosu yani insanı da etkilemektedir. İnsan, hayatını yaşarken evrende var olan yasalarla uyum içinde yaşar. Ne zaman ki yaşamsal dengemizde kaymalar başlar, enerji alanlarımızın blokajlarından ve sistemleri yaşamımızda doğru kullanamamaktan kaynaklanır. Onun için her ne olursa olsun her zaman söylediğim gibi lütfen sistemin tüm dengesini ve yasaları fark ederek kullanmaya özen gösterin.

Mülk Suresi, 3. Ayet

"Yedi kat gökleri uyum içinde yaratan O'dur. Sen Rahman olan Allah'ın yaratmasında bir uyumsuzluk, bir dengesizlik göremezsin. Tekrar bak, onda bir çatlak, bir düzensizlik görebilecek misin?"

Bu ayette, bu düzende bir eksiklik olmadığını, her şeyin kusursuz bir şekilde işlediğini vurgulanmaktadır. Yasanın tanımına bakarsak bunun ne demek olduğu rahatlıkla anlaşılmaktadır. Yasa, doğruluğu evrensel olarak kabul gören fikirdir. Yani tüm evreni kapsayan, işleyişi evrenin her köşesini etkileyen yaratılış sistemleridir. Şimdi sırasıyla yasalara göz gezdirelim.

TEKLİK YASASI

Evrende her şey bir ve bütündür. Bizler evrenin enerji alanından kopuk değiliz. Evrendeki tüm enerjilerle bir bütünüz. Bizler var olmuş ve var olacak her şeyle bir ve bütünüz. Hiçbir istek bizim dışımızda değil, hiçbir amaç bizden uzakta bir yerde değil, hiçbir insan bizden ayrı değil. Eğer özümüzle en doğru şekilde kaynağa bağlanabilirsek bir şey istememize gerek yok. Bu yasaya göre siz değiştiğiniz anda tüm evrenin de değiştiğini anlayacaksınız. Çünkü sen değişirsen, dünya değişir.

Bu yasayı anladığınızda, sizin de tamamlanmış kusursuz bir varlık olduğunuzu anlayacaksınız. Evrende her şey mükemmel ve kusursuz şekilde işler. Bu bütünün içinde eksik ya da kusurlu olmanız mümkün değildir.

Teklik yasasının yaşamıma katkısı ne olur?

Evrendeki her şeyle bir ve bütün olduğunuzu tam olarak anladığınız zaman, evrendeki her şeyle bağlantılı olduğunuzu ve siz değiştiğiniz zaman tüm evrenin de değişeceğini anlayacaksınız. Siz teklik yasasını hayatına uyumlarsanız, acılarınıza tutunmak yerine değişimi seçip, özgürleşip yani daha sağlıklı, daha huzurlu, daha dengeli ve daha mutlu olunca evrende de bir şeyler değişecek. Kendimiz için yapacağımız her iyi şey, üreteceğimiz her pozitif olumlu düşünce ve eylem evreni de olumlu olarak etkileyecektir. Bu şekilde bütünün daha iyi olmasına bir katkınız olacak. Çünkü bizler bütünün bir parçasıyız.

Teklik yasasını anladığınız zaman aslında sizin tamamlanmış ve mükemmel bir varlık olduğunuzu da anlayacaksınız. Evrende her şey mükemmel bir şekilde işler ve tamamlanır. Bu bütünün içinde kusurlu ya da eksik olmanız mümkün değildir.

daki yoksunluklar, eksiklikler ve sorunlar aslında si- urduğunuz şeylerdir.

Evrende bolluk ve bereket her yerdedir. Eğer hayatınızda kıtlık varsa bu korkularınızla, sınırlayıcı inançlarınızla veya bilinçaltınızdaki hatalı kayıtlarla sizin evrensel yasalara uygun olarak yaşamamanız sonucunda oluşmuş bir durumdur. Evrende kendini yenileme, iyileştirme ve canlandırma sistemi her zaman işlemektedir. İnsan bedeninde kendisini iyileştirme mekanizması çok etkilidir. Ancak bir türlü iyileşmeyen sağlık sorunlarınızın olması, bu mekanizmanın sizde çalışmaması yine sizin kendi içinizde oluşturduğunuz blokajlar yüzündendir. Teklik yasasını anlayınca, aslında evrenin mükemmel sistemine sahip olduğunuzu ve buna uygun yaşayınca tamamlanmış halinize geri döneceğinizi de göreceksiniz.

Evrende bir tekliğin olduğunu anlayınca aslında istediğiniz hiçbir şeyin sizden uzak olmadığını, bütün isteklerinizle bir bütün olduğunuzu da fark edeceksiniz. Bir şey istediğiniz zaman dışarıdan size gelecek bir olgu, nesne ya da duygu yoktur. Siz zaten bunların hepsi ile tek bir bütünsünüz. Ancak bilinç durumunuz ve tekliği anlamak yerine çokluk düşüncesi içinde olmanız isteklerinizin sizin dışınızda olduğu inancına sahip olmanıza yol açmaktadır. Eğer teklik yasasını tam olarak anlarsanız bu durum değişecektir. Bir şey istediğiniz zaman size gelmesini beklemeyeceksiniz, zaten sizinle olan bir şeyi fark edecek ve alacaksınız.

Teklik yasasını nasıl kullanırım?

Bu konuda yapılabilecek en iyi çalışma her gün 20-25 dakikalık bir zaman diliminde içinize dönmeniz ve kendinize sürekli "Ben evrenle tekim ve birim" diye tekrar etmeniz olacaktır. Aynı zamanda kök çakranıza inanılmaz bir titreşim göndereceksiniz.

Bunu yaparken gerçekten bu tekliği hissetmeye çalışın, tüm dünyayı hatta evreni düşünün. Tüm canlıları, dünyanın başka yerlerini, hayvanları, bitkileri, yıldızları, tüm kâinatı hissetmeye çalışın. İçinizden ben evrenle tekim ve birim derken gerçekten tek olduğunuzu kalbinizde hissedeceksiniz. Zihniniz sakin ve dingin bir şekilde bu çalışmayı yapın. Bir süre düzenli olarak yaparsanız, teklik yasasını anlamaya daha da önemlisi yaşamaya başlayacaksınız.

TİTREŞİM YASASI

Çekim yasasını birçok kişi duymuş hatta hayatında uygulamaya çalışmıştır. Ancak titreşim yasasını bilen insan sayısı daha azdır ve uygulanması konusunda fikir sahibi olanlar da fazla sayıda değildir. Çekim yasası "Benzer enerjiler birbirini çeker" derken, titreşim yasası, "Her şey bir müzik notası gibi titreşir ve kendi titreşiminize uygun şeyleri hayatınıza çekersiniz" der.

İlk bakışta benzer görünseler de aralarında ciddi bir fark vardır. Çekim yasasında istediğiniz bir şeyi hayatınıza çekmek için buna odaklanmak zorundasınız. Ne istediğinizi bilmeli, isteğinize sürekli enerji göndermeli, zihninizi odaklamalı ve pozitif zihin durumunu korumalısınız. Onamalarla ve imgelemelerle çalışmanız ve istediğiniz şeyi çekmek için benzer enerjileri üretmeniz gereklidir.

Bazı insanlar çekim yasası ile çalışmalarına rağmen "Bir türlü istediğim şeyleri hayatıma çekemiyorum" şeklinde şikâyetler ederler. Bu durumda çekim yasası işe yaramıyor sonucuna varır ve çalışmalarını bırakırlar ya da nerede hata yaptıklarını anlamaya çalışırlar. Aslında bu durumun nedeni oldukça basittir. Kişi titreşim yasasına göre, kendi titreşimine uygun olan şeyleri hayatına çekmektedir.

Titreşim yasasını belirleyen şeyler en fazla bilinçaltındadırlar. Buna şöyle bir örnek vermem doğru olacaktır. Bilinçaltında yoksunluk, parasızlık korkusu gibi duyguları olan bir insanın sahip olduğu titreşim buna uygun olacaktır. Kişi hiçbir şey yapmasa bile maddi sorunları ve borçları hayatına çekecektir. Bu kişinin çok istediği bir evi satın almak için çekim yasası ile çalışıyor olduğunu varsayalım. Evi almak için eve odaklanıyor ve evi kendisine çekecek enerjileri üretiyor, yani çekim yasasını işletiyor. Ancak bir taraftan da titreşim yasası aynı anda işliyor. Evi bilinçli olarak hayatına çekmeye çalışırken bir taraftan da bilinçsiz olarak borçları hayatına çekiyor.

Bu durumda en iyi ihtimalle bu enerjiler birbirini nötrleyecektir. Ancak kişi bir süre sonra istediğim olmuyor diyerek çalışmayı bırakacak ve titreşim yasasına uygun bir şekilde yaşamaya devam edecektir. Bir ihtimalde çekim yasası ile çalışırken istikrarlı ve azimli bir şekilde devam etmesi ve çalışmayı bırakmamasıdır. Bu durumda istediği evi gerçekten hayatına çekebilir ama titreşim yasası işlemeye devam edeceği için yine borçlar hayatında olacaktır, yani istediği refaha ulaşması kolay olmayacaktır.

Titreşim yasasını anlamak size ne kazandıracak?

Hayatınıza baktığınız zaman sahip olduğunuz titreşimin ne olduğunu anlayacaksınız. Eğer hayatınızda sürekli benzer olayları ve sorunları yaşıyorsanız bunun titreşim yasası ile ilgili olduğunu anlayacak ve titreşiminizi değiştirmek için harekete geçeceksiniz. Doğal titreşiminizi sevgi, mutluluk, refah ve sağlığa uyarlamayı başardığınız zaman, otomatik olarak iyi ve güzel şeyleri hayatınıza nasıl çekebildiğinizi göreceksiniz.

Sizin titreşiminiz değişince çevrenizdeki insanlar da bundan etkilenecekler ve onların da titreşimleri olumlu olarak değişecek.

Değişimi reddedenler ise artık sizinle aralarında bir uyum kalmadığı için büyük bir olasılıkla hayatınızdan gideceklerdir. Bu konuda rahat olabilirsiniz, bu kişiler zaten size sorun çıkartan ve enerjileri ile sizi aşağıya çeken kişiler olduğu için hayatınızdan gitmeleri sizin için olumlu olacaktır. Aranızda sevgi bağı olan kişiler ise olumlu değişimler yaşayacaklar ve onların da hayatlarının şifalanmasına katkı sağlamış olacaksınız.

Titreşim yasası sürprizlerle dolu bir yasadır. Titreşiminiz değiştiği zaman hayatınıza çekeceğiniz olaylar size güzel sürprizler yaşatacaktır. Titreşiminizi olumlu bir duruma getirince, çekim yasası ile ilgili çalışmalarınızdan çok daha kısa zamanda ve başarılı sonuçlar alacaksınız.

Titreşim yasasını kullanma

Titreşim yasasını kullanmak için en önemli konulardan biri de enerji bedenin sağlığı ve bilinçaltındaki olumsuz kök inançların değişmesi.

Enerji bedeninizi aura ve çakra dengelemesi yaparak sağlıklı hale getirebilirsiniz.

Olumsuz inanç kayıtlarını dönüşüme uğratmak için teknikler kullanabilir ya da destek alabilirsiniz.

ÇEKİM YASASI

Evrende her şey enerjidir ve her enerji kendisine benzeyen diğer enerjileri çeker. Çekim yasası evrenin en temel yasalarından birisidir. Evrende makro düzeyde gezegenler, yıldızlar birbirbirini çeker, mikro düzeyde ise bir atomun yapısında, atomun çekirdeği, elektronlara çok hassas bir çekim gücü uygular ve çekim gücü sayesinde atom dağılmadan var olabilir. Yine bir üst düzeyde moleküller oluşurken çekim yasasını görebiliriz. Atomları, molekül içinde elektromanyetik çekim kuvvetine dayalı kimyasal bağlar bir arada tutar. Evrenin her biriminde çekim gücü vardır ve şunu rahatlıkla söyleyebiliriz ki bu yasa olmasaydı evren var olamazdı.

Bizler bilinçli ya da bilinçsiz olarak sürekli bir şeyleri hayatımıza çekiyoruz. Her neye odaklanıyorsak buna enerji gönderiyor ve bu olasılığı hayatımıza dahil ediyoruz. Çekim yasası sizin ona inanıp inanmamanızla ilgilenmez, her zaman işbaşındadır. Bilinçsizce ürettiğimiz düşünceler, kendi frekansına uygun durumları hayatımıza çekiyor. Çekim yasasının nasıl işlediğini anlamak ve yaşadığınız sorunlarda, sorumluluk üstlenmek öncelikle yapmanız gereken bir eylemdir. Ancak kısaca, neye odaklanıyorsanız, neye enerjinizi gönderiyorsanız ve hangi türden düşüncelere, duygulara sahipseniz, bunlara benzer şeyleri hayatınıza şu anda çekmekte olduğunuzu söyleyebilirim.

Çekim yasasını anlamak size ne kazandıracak?

- Hayatınızın sorumluluğunu elinize alacaksınız. Başınıza gelen şeyleri hayatınıza çeken düşüncelerinizin ve duygularınızın neler olduğunu anladığınız zaman, hayatınıza daha iyi şeyleri çekmek için daha olumlu duygulara ve düşüncelere sahip olmaya çalışacaksınız.
- İstediğiniz herhangi bir şeyi hayatınıza çekmek için bilinçli olarak çalışmalar yapabileceksiniz.
- Sorunlu ilişkilerinizi hayatınıza çekenin siz olduğunu anladığınız zaman, hayatınızda size zarar veren kişilerin sizden uzaklaştıklarını göreceksiniz.

- Daha sağlıklı, daha huzurlu, daha mutlu olmak için daha pozitif düşünceler üretmeye çalışacak ve bu konuda zihinsel disiplin elde edeceksiniz.

Çekim yasasını kullanma

Çekim yasasını kullanmak konusunda yapabileceğiniz en iyi çalışma öncelikle ne istediğinize kesin olarak karar vermeniz. Daha sonra isteğinize yoğunlaşmanız ve sanki isteğiniz olmuş gibi canlı duygular üretmenizdir. Bunun için imgeleme, aforizma, istediğinizi olmuş gibi yazmak gibi birçok teknik kullanabilirsiniz. Ancak temel konu, olumlu zihin durumunuzu korumak ve istediğinizi elde etmişsiniz gibi hissetmeye çalışmaktır.

DENKLİK YASASI

Denklik yasası, var olan tüm boyutların eşzamanlı olarak varlıklarını sürdürdüklerini ve hepsinin hareket halinde olduğunu söyler. "Fiziksel boyutta var olan her şeyin, zihinsel ve spiritüel boyutlarda da birer karşılığı vardır" der. Simyacıların yukarıdaki aşağıdakine benzer, aşağıdaki yukarıdakine benzer felsefesini bu yasada bulabiliriz. Her şey aslında olasılıklardan oluşmuştur ve herhangi bir anda bütün olasılıkların hepsi vardır.

Bunu kuantum diliyle yazarsak:

"1927 yılında Danimarka'da Kopenhag'da bir enstitüde fizikçiler Niels Bohr ve Werner Heisenberg, kuantum tuhaflıklarını anlamlandırmaya çalıştılar. Kopenhag yorumu olarak geçen yorumları en fazla kabul gören görüş olmuştur. Fizikçiler kısaca evrenin sonsuz sayıda birbirleriyle örtüşen olasılıklar olarak var olduğunu ve bir şey olup da olasılıklardan biri gerçekleşene kadar her şeyin belirli bir yeri, varoluş biçimi olmadan var olduklarını söylemektedir. Olan bir şey ise insanın farkındalığı yani gözlemidir. İnsan bir olasılığı gördüğü anda bunu gerçeğe çevirir."

Denklik yasası tüm evreni bir arada tutar ve bütün boyutları birbirine bağlar. Evrendeki saf potansiyeli ve tüm olasılıkların aynı anda var olmasını sağlayan bu yasadır.

Maddi evrende var olan her şeyin, zihinsel ve spiritüel boyutlarda karşılığı vardır demiştik. Bu kavramı çok iyi anlamanız gerekli. Eğer fiziksel boyutta bir araba varsa bu arabanın zihinsel olarak karşılığı vardır. Hatta bu arabanın var olmasını sağlayan bir zihnin üretimidir. Bizlerin zihninde arabanın imgesi bulunur. Bu arabanın spiritüel yani ruhsal boyutta da karşılığı vardır. Bizler fiziksel boyutta yaşıyoruz ve fiziksel boyutun titreşimi düşüktür. Oysa spiritüel boyutun titreşimi çok yüksektir ve hızlıdır. İstediğiniz arabanın ruhsal boyutta zaten var olduğunu biliyorsunuz. Şimdi yapmanız gereken, bunu fiziksel boyutta tezahür ettirmektir. Ancak bunun için eyleme geçmeniz ve yüksek titreşimli bir enerjiyi, düşük titreşimli bir enerjiye dönüştürmek için çalışmanız gereklidir. Çekim yasasında bu çalışmanın karşılığını bulabiliriz, istediğiniz şeye odaklanmak, istemeye devam etmek ve olumlu zihinsel durumda olmak. İşte denklik yasası buna bir madde daha ekler. Harekete geçmek, eylemde bulunmak. Sonsuz sayıda olasılığın var olduğu bir evrende bir olasılığı çökertmek için, yapılması gereken şeylerden belki de en önemlisi, eylemdir. Bir şeyi hayatınıza çekmek için pasif bir teknik uygulamak doğru değildir. Denklik yasası, ruhsal boyuttan bir enerjinin, fiziksel boyuta getirilmesi için irade ve eylemin gerekliliği üzerinde durur. Burada eylem harekete geçmek, karşınıza çıkan olanakları değerlendirmek ve amacınıza ulaşmak için adımlar atmak anlamına gelmektedir.

Zihin maddeyi oluşturur ve her şey bir düşünce ile başlar. Düşüncelerimiz ise gerçeği yaratır. Denklik yasası, tüm yasaları kapsayan bir yasadır ve tüm olasılıklar, zamanlar, düşünceler ve tezahürler bu yasanın içindedir.

Denklik yasasını anlamak size ne kazandıracak?

Her şeyin mümkün olduğunu ve aklınıza gelen her durumun olasılık olarak var olduğunu öğreneceksiniz. "Hiçbir şey imkânsız değildir" düşüncesine sahip olacaksınız.

- Yaşamınızda yeni bir olasılığı gerçekleştirmek için harekete geçmeyi ve enerji üretmeyi öğreneceksiniz.
- Düşüncelerinizin gerçeği oluşturduğunu tam olarak anladığınız zaman kendi gerçekliğinizi oluşturmak için çalışabileceksiniz.
- İstediğiniz bir şeyin spiritüel boyutta zaten var olduğunu, tek yapmanız gerekenin bunu fiziksel boyuta taşımak olduğunu anladığınız zaman amaçlarınız size uzak ve zor gelmeyecek.
- İstediğiniz olasılıklara yoğunlaşmayı ve bu olasılıkları gözlemlemeyi öğreneceksiniz.

Denklik yasasını kullanma

Denklik yasası size eyleme geçmenizi söyler. Tüm olasılıkların aynı anda mevcut olduğunu bilin ve her şeyin mümkün olduğuna inanın. Daha sonra istediğinize ulaşmak için harekete geçin. Burada eylem hareketi sever demek ve hareketin sembolik bile olsa önemli olduğunu vurgulamak isterim. Örneğin bir ev almak istiyorsanız, mantık dahilinde bir plan yapmak, daha fazla para kazanmak için fikirler üretmek, ev fiyatlarını araştırmak, evleri incelemek gibi her eylem çok değerlidir. O anda ev almanız için hiçbir olasılık görünmese bile bu olasılık zihin boyutunda vardır ve spiritüel boyutta da vardır. Siz buna zihinsel olarak karar vererek ilk adımı atıyorsunuz. Spiritüel boyuttaki evi, fiziksel forma dönüştürmek içinse enerjinizi bu konuya yönlendirmelisiniz. Bunun için pozitif düşünce gücünü kullanmanın dışında hem mantıklı adımlar atmak hem de sembolik eylemlerde bulunmak gereklidir. Eğer mantıksal açıdan yapabileceğiniz bir şey görünmüyorsa, bu durumda yeni eviniz için bir eşya almanız, ev fiyatlarını incelemeniz, evinizle ilgili düşünceler geliştirmeniz bile enerjinin hareketini sağlayacaktır.

NEDEN-SONUÇ YASASI

Bu yasa *"Ne ekersen onu biçersin"* şeklinde tanımlanan bir yasadır. Enerji dairesel şekilde hareket eder ve evrene gönderdiğiniz her enerji size geri döner. Gönderdiğiniz enerjinin olumlu ya da olumsuz olması bu süreci değiştirmez, bilinçli ya da bilinçsiz olması da bu yasayı etkilemez. Her sonucun bir nedeni vardır ve bu nedenlerin farkına varmasak da, sonuçlar değişmeyecektir.

Neden-sonuç yasası davranışlarımızdan sorumlu olduğumuzu bize anlatan bir yasadır. Sadece davranışlarımızdan değil, düşüncelerimizden ve duygularımızdan da sorumluyuz. Her düşünce ve duygu özünde bir enerjidir ve evrene gönderdiğiniz her enerji size geri dönecektir. Ancak her zaman her korkumuz ya da her isteğimiz bize geri dönmez.

Peki, bunu nasıl açıklayabiliriz? Ürettiğimiz duygunun ya da düşüncenin bir enerjisi ve bu enerjinin de bir gücü vardır. Çok güçlü bir sevgi duygusu ile zayıf bir takdir duygusunu enerji olarak aynı güçte algılayamayız. Ayrıca sürekli üretilen bir duygu ile anlık olarak üretilen bir duygu da aynı güçte değildir. Eğer bir enerji zayıfsa ona etkisini kaybettiren başka bir enerji nedeniyle sönümlenecektir. Örneğin, birine karşı kızgınlık hissettiysem ve öfke enerjisini evrene gönderdiysem ama hemen arkasından birisine karşı sevgi hissettiysem ve evrene sevgi enerjisi gönderdiysem bu enerjiler birbirlerini etkisiz hale getirecektir. Bir şeyden korkup, arkasından bir ümit beslemek ya da bir şeyi isteyip sonra vazgeçmek gibi durumlarda gönderilen enerjiler genellikle birbirini etkisiz hale getirecektir. Ancak burada enerjinin gücü de önemlidir. Güçlü bir nefretten sonra gelen sevgi duygusu zayıf ise bu durumda nefret enerjisinin en azından bir kısmının geri döneceği düşünülebilir.

Neden-sonuç yasasında bir diğer önemli konu da özgür irade konusudur. Herkes kendi hayatı için seçimler yapmakta özgürdür. Başka bir insanın özgür iradesine karşı gelerek onun için iyi olduğunu düşündüğümüz bir şeyleri yapma çabası, neden-sonuç ilkesine göre, bizim de özgür irademizin hiçe sayılacağı anlamına gelir. Bu durumda özgür irademizle istediğimiz şeylere ulaşmamız kolay olmayacaktır. Diğer insanların karar verme ve seçim yapma haklarına saygı duymamız gereklidir. Eğer birisi sizin özgür iradenize müdahale ediyor ve sizin için iyisini bildiğini iddia ederek, yaşam planınızı etkilemeye çalışıyorsa, bu kişilerin etkisinden kurtulmak için gerekenleri yapmanız önemlidir. Aksi halde bunu kabul etmeniz yine özgür iradenizi hiçe saymak anlamına gelecektir ve bunun da dönüşü pozitif olmayacaktır. Fikirlerinizi söyleyebilirsiniz ancak karşınızdaki kişi için en iyisinin ne olduğunu bilseniz bile ona bunu kabul ettirme çabasına girmemelisiniz.

Aynı şekilde başkalarının da sizin özgür iradenizi yok saymasına izin vermemelisiniz.

Kin, öfke ve nefret gibi duygular son derece tehlikeli duygulardır. Eğer bu duygulardan birine sahipseniz, hem hayatınıza iyi ve güzel şeyleri çekmeniz zorlaşır hem de neden-sonuç ilkesi gereği, olumsuz duyguların neden olacağı sorunlar, hastalıklar ve kötü olaylar yaşamanız sonucu ortaya çıkar. Bu nedenle kendinizi ve başkalarını affetmeniz çok önemlidir. Aksi halde titreşim yasası, neden-sonuç yasası ve çekim yasası gibi tüm yasalara karşı hareket etmiş olursunuz.

Neden-sonuç yasası hayatımızdaki her durumun nedenini, bizim eylemlerimizle, duygularımızla ya da düşüncelerimizle oluşturduğumuzu söyler. Elde etmek istediğimiz sonuçlara uygun nedenler oluşturmamız için bu yasayı anlamalı ve bu konudaki farkındalığımızı geliştirmeliyiz.

Neden-sonuç yasasını anlamak size ne kazandıracak?

- Yaşamınızdaki sonuçların, nedenlerini bilinçli olarak oluşturmayı öğreneceksiniz.
- Hayatınızdaki durumların hepsinin bir sonuç olduğunu ve bu sonuçların nedenlerini yine sizin oluşturduğunuzu fark edeceksiniz. Bu da kontrollü nedenler oluşturmanıza yardım edecek.
- Daha iyi, daha güzel ve daha faydalı şeyler yapmak konusunda motivasyon elde edeceksiniz.
- Olumsuz duygularınızı ve düşüncelerinizi bastırmak yerine bunları kabul etmeyi ve sonra hayatınızdan uzaklaştırmayı öğreneceksiniz.

Neden-sonuç yasasını nasıl kullanırım?

Bu yasa daha fazla gelecekteki güzel şeyler için güzel tohumlar ekmekle ilgilidir. Yapacağınız her güzel şeyin bir neden olduğunu ve size güzel sonuçlar getireceğini bilmelisiniz. Bir insanı sevindirmek, birisine yardım etmek gibi güzel eylemler iyi birer neden olabilir. Aynı şekilde güzel düşünceler geliştirmek, olumlu gelecek tasarımları yapmak, herkes için iyi olacak şeylere odaklanmak da bir anlamda, gelecekte güzel sonuçlar elde etmek için yapılabilecek çalışmalardır. Siz şu anda nedenleri oluşturuyorsunuz ve gelecekte bunların sonuçlarını alacaksınız. Güzel sonuçlar verecek nedenler oluşturmaya çalışın. Sadece iyi niyet ve iyi düşünceler bile güzel sonuçlar olarak karşınıza çıkacaktır.

GERİ DÖNÜŞ YASASI

Geri dönüş yasası verdiğiniz her şeyin size geri döneceğini söyleyen bir yasadır. Ancak sevgi ile verilen iyi şeyler size 10 kat daha güçlü olarak dönecektir. İşte neden-sonuç yasasından ayrı görülmesi gereken en önemli nokta budur. Sevgiyle ve karşılık beklemeden verdiğiniz her iyi şey size 10 kat artarak geri dönecektir.

Verdiğiniz şey para, zaman, hizmet, ilgi veya hediye olabilir. Ne olduğu çok önemli değildir, önemli olan koşulsuz ve beklentisiz vermenizdir. Sadece yardım etmek ve birisini mutlu etmek gibi bir amaç taşımalısınız. Verdiğiniz şeyi sevgiyle ve kendinizden bir şey eksilmiş duygusu olmadan vermelisiniz. Bu durumda verdiğiniz şey evrenden size 10 kat fazlasıyla geri dönecektir. Eğer zorlama, korku ya da herhangi bir negatif duygu ile insanlara bir şey veriyorsanız bunu hiç yapmayın daha iyi. Bu durumda titreşim yasası, neden-sonuç yasası gibi yasalar çalışacak ve bunun sonucunu olumsuz olarak göreceksiniz demektir. Ancak sevgiyle, karşılık beklemeden ve mutlulukla vereceğiniz her şeyin mutlaka karşılığı gelecektir.

Bu yasada yoksunluk bilincinin de üzerinde durmamız gerekiyor. Çoğu zaman vermekte zorlanmamızın nedeni birçok kişide var olan yoksunluk bilincidir. Paranın yeterli miktarda olmadığına, paranın kötü bir şey olduğuna, bir kişinin çok parası olunca diğerlerinin fakir kalacağına dair şartlanmalarımız vardır. Ayrıca insanlığın ortak bilinçaltından gelen, kıtlık ve yoksulluk dönemlerinden kalan acıların izlerinin de, kolektif bilinçaltına bağlı olduğumuz için bizi etkilediğini düşünürsek, yoksunluk bilinci çok daha fazla önem kazanmaktadır.

Oysa, evrende herkese yetecek kadar bolluk vardır ve biz kendi refahımızı sağlayarak, kimsenin fakir olmasına yol açmayız. Verdiğimiz şeyler bizden giden ve eksilen şeyler değildir. Para da bir enerjidir ve sürekli hareket eder. Yeteri kadar paramızın olmayacağı endişesi sadece bir korkudur ve bu korkuya sahip olan bir insan evrensel yasalar gereği zaten bunu deneyimleyecektir.

Teklik yasası gereği, bolluk, refah ve zenginlik zaten sizindir, sadece bunları almak için kendinize izin vermelisiniz. Korkulardan arınmak ve evrenin bolluk içinde olduğunu anlamak kendinize izin vermek için ilk adımınız olabilir. Size daha fazlası gelince, siz de insanlara daha fazla yardım edebilirsiniz ve daha fazlasını verebilirsiniz. Bu şekilde daha da fazla bolluğu hayatınıza çekersiniz. Daha fazla refah için kendinize insanlara nasıl hizmet edeceğinizi, nasıl faydalı olabileceğinizi sorun. Ayrıca kendinize de sevgi, zaman ve ilgi vermeyi unutmayın.

Geri dönüş yasasını anlamak size ne kazandıracak?

- İnsanlara koşulsuz sevgi ile vermenin ne kadar önemli olduğunu anlayacak ve bu konuda eksikleriniz varsa kendinizi değiştireceksiniz.
- Başkalarının size sevgi ile verdikleri şeyleri, sevgi ile kabul edeceksiniz. Bu durumda veren kişiye, verdiğinin on katı ile geri döneceğini bileceksiniz.
- Yoksunluk bilincini aşmanın önemini anlayacaksınız ve bu bilinçten kurtulduğunuz zaman hayatınıza daha fazla refahı çekebileceksiniz.

Geri dönüş yasasını kullanmak

Bu yasa, neden-sonuç yasasına benzer ama aradaki farkı hatırlayacak olursanız burada karşılıksız sevgi ile verme eylemi vardır. Bunun için de önce yoksunluk bilincinden kurtulmalısınız. Bu nedenle bilinçaltı çalışmalarınızı, "Sevgi ile verdiğim her şey katlanarak bana geri dönüyor" şeklinde bir afirmasyonla yapabilirsiniz. Daha fazla sevgi üretmek, karşımıza çıkan yardım etme fırsatlarını kaçırmamak ve insanlara karşılık beklemeden özgürce verebilmek bu yasadan en iyi şekilde faydalanmanızı sağlayacaktır. Evrende herkese yetecek kadar bolluğun olduğunu ve sevgiyle verdiğiniz her şeyin size 10 kat artarak geri geleceğini unutmayın.

GÖRECELİLİK YASASI

Evrende her şey şimdiki zamanda vardır ve her şeyi anlamlandıran yine bizleriz. Geçmiş deneyimlerimize, bilgilerimize, düşüncelerimize ve kararlarımıza göre her olguya, olaya anlam veren insan bilincidir. Hiçbir şey salt iyidir ya da salt kötüdür diyemeyiz. Bizim için iyi olan bir şey bir başkası için kötü olabilir. Bir olaya vereceğimiz tepkiye özgür i护ademizle karar veren yine bizleriz. Olayları anlamlandıran, değerlendiren, iyi ya da kötü, doğru ya da yanlış gibi hükümler veren de bizleriz. Ancak bizim doğrularımız her zaman, herkes için doğru olmak zorunda değildir. Bir kişinin arabasının lastiğinin patlaması bu kişi için kötü ama lastikçi için iyidir. Yağmurda ıslanan bir insan bundan rahatsızlık duyarken, yağmurla sulanan bitkiler için durum çok farklıdır. Evrende her şey göreceli olarak değişmekte ve insanlar tarafından tanımlanmaktadır. Olayları ve kişileri yargılamak son derece basittir ve temelde bir faydaya hizmet etmez. Oysaki her şeyi olduğu gibi kabul etmek ve her durumda bütünün en yüksek hayrını düşünmek çok daha faydalı sonuçlar üretecek bir stratejidir. Olayların göreceli olduğunu ve olayları olduğu gibi kabul etmenin gerekliliğini söyleyen bir yasadır.

Ancak bu konuda genelin kötü kabul ettiği bazı davranışların üzerinde konuşmak gereklidir. Bir insana haksızlık yapmak, zalimlik yapmak, cinayet işlemek gibi konular ilk aklıma gelenler. Bunları kötü olarak algılamak, bunları kınamak ve bunlardan uzak durmaya çalışmak gereklidir. Ancak bu olayı gerçekleştiren de teklik yasası gereği bizim bir parçamızdır ve hepimizin içindeki katili, acımasızı, zalimi simgeliyordur. Eğer insanların içinde bu duygular olmasa teklik içinde bunun var olması mümkün değildir. Bu nedenle bu konuda kendi içimizdeki zalimi, acımasızı, katili şifalandırmamız gereklidir. Ayrıca tekâmül yolunda herkesin bir ders alması ve bir şeyler yaşaması gereklidir. Bu dersleri alırken, bazı insanların kötü şeyler yaşamaları da gereklidir. Bu acı veren ya da zarar gören kişiler için de geçerlidir. Elbette bu durumu kişisel olarak kötü görebilir ve bu konularla ilgili olumsuz hisler duyabiliriz. Ancak evrenin zıtlıklarla var olduğunu ve iyinin yanında kötünün de olacağını bilmemiz gereklidir. Burada temel konu, durumu olduğu gibi kabul etmek ve herkesin hayrına olacak şekilde düşünmeye ve davranmaya çalışmak olacaktır.

Görecelilik yasasını anlamak size ne kazandıracak?

- İnsanları yargılamak yerine oldukları gibi kabul etmeye çalışmak sizi daha huzurlu ve daha rahat bir ruh halinde tutacaktır. Bu ruh hali ise, titreşim yasası gereği daha huzurlu insanları hayatınıza çekecektir.
- Kendi özgür iradenizin önemini anlayacak ve içsel olarak özgürleşmeyi öğreneceksiniz.
- Başkalarının özgür iradesine saygı duyarak, kendinizi başkalarının hayatlarını kontrol etme düşüncesinden kurtaracaksınız. Bu tutumunuz daha yapıcı ilişkiler kurmanıza yardım edecek.

Görecelilik yasasını kullanmak

Bu yasa da yine bilinç durumu ile ilgilidir. Görecelilik yasasına göre yargılamayı ve olaylara iyi-kötü gibi yaftalar vurmayı bir tarafa bırakmamız gereklidir. Bizim için iyi olan bir şeyin başkası için iyi olmayabileceğini kabul etmemiz gerekiyor. Başkalarının özgür iradelerine saygı duyun, onların kendi yaşam yollarında yürüme haklarını anlamaya çalışın. Eğer birisi sizin özgür iradenize saygı duymuyorsa bu durumda kendinize dönün ve "Ben kimin özgür iradesine ne zaman saygı duymadım ki evrene özgür irade çiğnenebilir mesajı gönderdim?" diye sorun. Bu soruya yanıt verince, bundan sonra kimsenin özgür iradesine saygısızlık yapmayacağınıza karar verin ve kararınızı uygulayın. Durumları olduğu gibi kabul etmeye çalışmak da bu yasanın uygulanmasını sağlayacaktır.

POLARİTE YASASI

Polarite yasası, evrende her şeyin bir zıddı olduğunu, zıt olan her şeyin aslında aynı şeyler olduğunu, sadece derecelerinin farklı olduğunu söyler. Her şeyin bir karşılığı vardır ancak bu karşıtlıklar da aynı ölçek içindedirler. Buna şöyle bir örnek verebiliriz. Sevgi ve nefret birbirine zıt olan duygulardır ama aslında aynıdırlar, sadece ölçeğin farklı uçlarındadırlar. Birisi artı uçtayken, diğeri eksi uçtadır. Kendi ölçeklerinin dışında var olamazlar ya da başka bir ölçekte bulunamazlar.

Her şeyin bir karşıtı vardır ancak bu karşıt şeyler bir ölçekte var olmak zorundadırlar. Kendi ölçeklerinin dışına çıkamazlar. Işık ve karanlık da aynı ölçek içindedirler. Karanlık ölçeğin bir ucundadır, ışık diğer ucundadır. Işık, karanlığa dönebilir, karanlık da ışığa dönüşebilir. Dönüşüm yasası gereği bu mümkündür ama ışık sıcak olamaz, yani başka bir ölçeğe geçemez.

Polarite yasası, dönüşüm yasası ile birlikte çalışır. Bir ölçeğin bir ucundaki bir şeyi, diğer ucundaki başka bir şeye dönüştürmek her zaman mümkündür. Enerjiyi ölçeğin diğer ucuna yönlendirdiğiniz zaman bu dönüşüm başlayacaktır. Bu dönüşümü yapan zihindir. Zihin ölçeğin bir ucundaki düşünceleri, değerleri ve inançları duygular aracılığıyla diğer uca yönlendirebilir.

Zihin bir şeyi polaritenin bir ucundan diğer ucuna hareket ettirmek için, enerjinin duygusal gücünü kullanır. Herhangi bir durumda polarite yasasını kullanmak demek, öncelikle değiştirmek istediğiniz şeye karar vermek, sonra ölçeğin diğer ucunda buna karşılık gelen zıddını bulmak ve duygusal enerjiyi kullanarak, değiştirmek isteğiniz şeyi, skalanın diğer ucuna itmek demektir.

Polarite yasası her zaman işleyen bir yasadır. Ancak kullanımı için duygusal enerjiyi yönlendirmeyi ve bu enerjiye odaklanmayı gerektirir. Duygusal enerji üzerine yoğunlaşma en önemli anahtar kavramdır.

Polarite yasasını anlamak size ne kazandıracak?

- Olumsuz duygu ve düşüncelerinizin zıtlarını tespit ederek, polarite yasası gereği, ölçeğin bir ucundan diğer ucuna geçebileceğinizin bilincini kazanacaksınız.
- Bir duygu ile savaşmak yerine onu kolaylıkla ölçeğin diğer ucundaki zıt duyguya yönlendirebileceğinizi bilmek size hem güç verecek hem de özellikle duygusal konulardaki çalışmalarınızda zaman kazandıracak.

Polarite yasasını kullanmak

Bu yasayı kullanmak için öncelikle hangi skaladaki bir duyguyu, polarite yasası ile skalanın diğer ucuna geçireceğinize karar verin. Örneğin söz konusu duygu mutsuzluk ise, skalanın diğer ucunda mutluluk vardır. Mutluluk durumuna yoğunlaşın, kendinizi çok mutlu hissettiğiniz anları düşünün ve tüm dikkatinizi bu duruma verin. Duygusal enerjinizi uyandırmaya çalışın ve daha önce mutlu olduğunuz anlara odaklanarak bunu başarın. Yeteri kadar duygu enerjisi uyandırabilirseniz, mutsuzluk durumu, skalanın diğer ucuna geçecek ve mutluluk durumuna dönecektir.

RİTİM YASASI

Evrensel ritim yasası, her şeyin döngüler halinde hareket ettiğini söyler. Enerjiler döngüler halinde hareket ederler, sarkaç sağa ne kadar sallanırsa, sola da o kadar sallanır. Hiçbir şey aynı kalmaz, her şey belli bir ritim ile salınır. Halk arasında "Her inişin bir çıkışı vardır ya da her kışın sonu bahardır" gibi düşünceler bu yasayı çok iyi ifade eder. Eğer hayatınızda zor bir dönemden geçiyorsanız bu bir süreçtir ve enerjinin salınımı değiştiği zaman bu süreç de bitecektir.

Bu yasayı anladığımız zaman hayatımızdaki zor zamanları bir döngü olarak görebilir ve daha az direnerek, oluşacak sorunları azaltabiliriz. Aynı zamanda bu döngünün biteceğine ve arkasından daha güzel bir şeylerin geleceğine emin olabilirsiniz. Eğer bir çıkış dönemindeyseniz bu döngüyü en iyi şekilde kullanabilir ve bir sonra gelecek, iniş dönemini en iyi şekilde geçirmenin altyapısını hazırlayabilirsiniz. İniş dönemi, her iyi şeyden sonra kötü şeyler olur şeklinde algılanmamalıdır. Tam tersine içe dönme, kendini yenileme, eksiklerini giderme ve yeni bir sürece hazırlanma dönemi olarak düşünülmelidir. Bu durumda atılım yapma, yeni girişimlerde bulunma, açılma ve genişleme dönemini takip edecek olan, içe dönme, değerlendirmeler yapma, eksiklikleri giderme ve kendini şifalandırma dönemi olarak iki farklı süreç yaşayabiliriz.

Ancak bu döngüleri anlamak ve yönlendirmek durumunda bu söylediklerim gerçekleşecektir. Aksi halde iyi bir şeyden sonra kötü şeyler gelir önyargısını gerçekleyecek şeyler yaşayabilirsiniz. Çünkü enerji bir yönden diğer yöne mutlaka akacaktır. Eğer bunun farkında olur ve bu dönemleri en iyi şekilde değerlendirebilirsek, evrenin ritim yasası ile uyumlu yaşayabiliriz.

Ritim yasasını anlamak size ne kazandıracak?

- Ritim yasasını anladığınız zaman hayatınızdaki dönemleri daha iyi fark edebilecek ve her bir dönemin özelliklerini algılayabileceksiniz. Daha sonra bu özelliklere uygun yaşamaya çalışacaksınız.
- Bir dönem içindeyken, diğer döneme hazırlanabileceksiniz. Bu şekilde hayal kırıklığına uğrama ya da gereksiz risklere girme gibi durumlardan kurtulabileceksiniz.
- Eğer zor bir dönemden geçiyorsanız bu dönemin biteceğini ve arkasından güzel bir dönemin geleceğini bilmek size güç verecek.

Ritim yasasını kullanmak

Bu yasayı kullanmak için öncelikle hayatınızda nasıl bir ritim döneminde olduğunuza bakın. İçedönük, sorunlarla uğraştığınız, olumsuz giden olayların fazla olduğu bir dönemde misiniz? Yoksa olumlu, girişimler yaptığınız, şanslı olayların yaşandığı bir büyüme döneminde misiniz? Eğer olumsuz bir süreçten geçiyorsanız bunun bir dönem olduğunu ve ritim yasası gereği, bundan sonra olumlu bir sürecin başlayacağını bilin.

Sorunlara karşı direnmek yerine esnek bir tutum gösterin ve bu süreci, içe dönme, eksikliklerinizi görme ve iyileştirme, sorunlardan ders alma ve daha iyi bir dönem için hazırlanma süreci olarak değerlendirin. Eğer büyüme, gelişme ve olumlu olaylar yaşama sürecindeyseniz bu dönemi iyi değerlendirin.

Karşınıza çıkan fırsatlara odaklanın ve bundan sonra gelecek olan dönemde rahatlıkla kendinizle ilgileneceğinizi, kendinize daha fazla zaman ayıracağınızı ve daha rahat bir şekilde içsel gelişiminiz için çalışacağınızı bilin. Geçiş dönemlerini de aynı şekilde düşünebilir ve yeni sürece hazırlanabilirsiniz. İyi ya da kötü dönemin olmadığını hatırlayın. Bir dönem büyüme, gelişme, atılım dönemi iken, diğer dönem içe dönme, durumu değerlendirme, kendini şifalandırma ve eksikleri tamamlama dönemidir. Önemli olan hangi dönemde olduğunuzu bilmek, yeni dönem için hazırlık yapmak ve içinde olduğunuz dönemi en iyi şekilde değerlendirmektir. Aksi halde, çok verimli geçirilebilecek bir dönem, çok sorunlu olarak deneyimlenebilir.

Hayatın ritimlerini en iyi şekilde anlamanızı ve içinde bulunduğunuz ritim dönemine göre hayatınızı yönlendirebilmenizi seçiyorum.

Mutlaka geniş çaplı araştırmalarınızı sürdürün. Evrensel yasaları bilmek hayatınızı büyük ölçüde değişime doğal yolla sokacaktır.

Hayatımıza yön veren muhteşem evren yasaları

- Denge Yasası (Zıt Kutuplar Yasası)
- Yargısızlık Yasası
- Beklenti = Çekim Yasası
- Şimdiki An Yasası
- Sevgi Yasası – Öz sevgi Yasası

Hayallerinizi gerçekleştirmek için muhteşem reçete: Başarının 7 spiritüel yasası

- İçsel Güç Yasası
- Alma-Verme Yasası
- Sebep-Sonuç (Karma) Yasası
- En Az Çaba Yasası
- Niyet ve Arzu Yasası
- Zihinsel Bağımsızlık Yasası
- Hayatın Amacı (Darma) Yasası

6. BÖLÜM

MEDİTASYONLAR VE RİTÜELLER

Meditasyon Nedir?

Latince "medidatio" kelimesinden türetilmiş, sözlük anlamıyla birçok Batı dilinde "DERİN DÜŞÜNME" manasına gelmekteydi.

Allah-ü Âlem bu bedene bir beyin yerleştirdi ve bunun bir sebebi olmalıydı.

Daha da açmak gerekirse kişinin iç huzuru, sükûnet, öz varlığınıza ulaşmanıza olanak veren, zihin denetleme teknikleri ve deneyimlerine, ayrıca uyanıklık ve yoğunlaşma çalışmalarıyla "zihin ve ruhunuzu" dinlendirip "köklü bilinç açma, özgür olmak" diye tanımlayabiliriz. Ayrıca derin düşünme manevi arınma yoludur. İslamiyet'te biz buna "tefekkür" diyoruz. Tefekkür, herhangi bir konu hakkında düşünme, zihni yorma, derin düşünme ve işin şuuruna varmak demektir. Bu tanım, farkındalıkla düşünmeyle eşanlamlıdır. Tefekkür, hayat yolculuğumuzda bir işe kalkışırken, sorunlarımızı çözerken ve güzel yaratımlarda bulunurken, kaçınılmaz olarak başvurmamız gereken düşünce sürecidir. Meditatif bir durumdayken tefekküre dalmamız olup olabilecek en güzel zihinsel yaratımdır, tabii ki niyetlerimiz, zihinsel sürecimiz ve kavrayışımız ve tutunuşumuz doğru düzgün olduğu sürece. İçsellik derinleşmeyle çok ilintilidir.

Meditasyon Allah'ın sesini dinlemektir. İlahi olanın huzur veren sakin sesini duyabilmek için kendinizi yaşamın kargaşasından uzaklaştırmanız gerekir. Bunun için de sonsuz tefekkür kapısına ulaşmak gerekli.

Allah'ın sesini duymak ve dualarınızın duyulmasını sağlamak zihninizde durmaksızın konuşan sesi susturmakla olur. Allah'ın nerden nasıl tecelli edeceğini, her şeyin en doğrusunu bildiği gibi, bunu da Allah bilir. Tecelliyat, derin aşkullah ve zikrullah ile olur.

Meditasyon, gerçek kimliğimizi hatırlamanın bir yoludur.

Gerçekte/aslında bizler saf bilinciz. Bedene hatta bedenlere sahibiz ama bedenin kendisi değiliz, zihne sahibiz ama ne zihiniz ne de düşünceleriz. Biz tüm bunlara sahip olan, tüm bunlarla "bir" olan ve hayat rolümüz içerisindeki her şeyi hisseden ve her şeye tanık olan bilinçleriz. Meditasyon, kendi içimizdeki bu bilinci hatırlamamızın bir sürecidir. İçsel farkındalık ve enerji çalışmaları yapabilmek için enerji bedeni ve çakralar hakkında da bilgi ve farkındalık sahibi olmamız çok önemlidir ve bu çalışmaları yapabilmek için ise belirli bir meditasyon bilgisine ya da meditatif duruma geçebilme kabiliyetine erişmemiz hakikatle önemlidir.

Zihninizin gevezeliğini susturup, Allah'ın rehberlik ve bilgelik tohumlarını atmasına izin vermektir. Kendi içimize yönelerek gerçek benliğimizi burada buluruz.

Aslında ilahi benliğimizin büyümesine olanak veririz ki bu da tohumlar ekilirken kendimizi huzurlu ve dingin hissettirir. Sonuç olarak, meditasyon yani "derin düşünme" zihnimizin gevezeliğini susturmak sağ beynimizin ilahi ilhamı almaya açık hale getirmesini sağlamaktır.

Sessizlikte ilahi bilgeliğin incilerine ulaşırsınız.

Bütün farkındalığımız belirli bir süre tek bir yerde yoğunlaştıktan sonra içsel olarak farkındalığımızı o yoğunlaşmadan da çekerek -bu alana ilahi hattın demek en doğrusu- sadece farkında olarak ama hiçbir şekilde kendimizi zorlamayarak, kendimizi içsel boşluğa bırakmak. Bu alan, meditasyonda olduğumuz alandır. Burada düşüncelerimizi, enerjisel durumlarımızı, sesleri ve tüm dışsal şeyleri baskılamıyoruz ya da onları zorla zihnimizden ve farkındalığımızdan atmaya çalışmıyoruz. Her şeyi olduğu gibi bırakıp gözlemleyerek, kendi saf bilincimizi deneyimliyoruz.

Kısaca meditasyon:

- Meditasyon, seçimsiz farkındalık durumudur.
- Meditasyon, gerçek kimliğimizle/özümüzle bağlantı kurabilmemiz için zihnimizi sakinleştirmenin sistematik bir yoludur.
- Meditasyon, zihin dışında kalma halidir.
- Meditasyon, içeriye dönüş ve zihnin çamurlu sularını geçmektir. Meditasyon, bilincin temiz ve derin okyanuslarında yüzebilmemiz için egoyu filtreler.
- Meditasyon, katılımcı değil, gözlemci olmaktır.
- Meditasyon, bilinci değiştirmek için dikkatimizi bilinçli olarak kullanmaktır.
- Meditasyon, kendimizi ve gerçekliği öğrenmenin bir aracıdır. Bu araç, bizi herhangi bir yerden çekip, ana getirmenin tek yoludur.
- Meditasyon, sonlunun sonsuzla birleşmesidir.

Meditasyon Ne Değildir?

*"Meditasyon, zihnini
susturmanın bir yolu değildir.
Meditasyon, ortalama bir
insanın her gün düşündüğü
50.000 düşüncesinin altında
gömülü olan ve her zaman
orada bulunan sessizliğin
içine girmenin bir yoludur."*

– Deepak Chopra

Meditasyon; farklı bir kişiye, yeni bir kişiye ve hatta daha iyi bir bireye dönüşmekle ilgili değildir. Meditasyon, farkındalık içerisinde pratik yapmak ve sağlıklı bir perspektif anlayışı edinmekle ilgilidir. Düşüncelerinizi ve hislerinizi kapatmaya ve onları uzaklaştırmaya çalışmıyorsunuz. Onları, yargılamadan gözlemlemeyi öğreniyorsunuz ve nihayetinde düşüncelerinizi ve hislerinizi daha iyi anlamaya başlayabileceksiniz.

Meditasyonu daha iyi anlamak ve uygulayabilmek için meditasyonun ne olmadığı hakkında bazı fikirler vermemiz gerektiğini düşünüyorum. Meditasyonun ne olmadığını anlamak, meditasyonla ilgili fikirlerimizi, uygulamamızı ve beklentimizi daha doğru bir yola sokacaktır.

Meditasyon konsantrasyon değildir

Meditasyon, incelikli bir konsantrasyon halidir. Konsantre olduğunuzda, dikkatinizi sürekli olarak belirli bir şeye ya da eyleme yöneltmiş olursunuz fakat meditasyonda, dikkatinizi belirli bir şeye ya da eyleme yöneltmezsiniz. Meditasyondayken, herhangi bir şeye konsantre olmayı seçmeden, sadece şu anın içinde farkında şekilde kalırsınız. Konsantrasyon, meditasyonu öğrenmek için çok önemlidir. Konsantrasyon, meditasyonu öğrenmesek de çok önemlidir ama meditasyonla konsantrasyon arasındaki farkı anladığımızda hem konsantrasyon kalitemiz hem de farkındalık seviyemiz daha yükselecektir. Konsantrasyon, meditasyon yapabilmemiz ve meditasyonu öğrenebilmemiz için çok büyük bir yardımcıdır fakat konsantrasyon, meditasyon değildir.

Meditasyon gevşemek/rahatlamak değildir

Gevşediğimiz zaman rahatlarız, sakinleşiriz, huzur ve yenilenme hissederiz. Meditasyon öncesi rahatlamak ve gevşemek önemlidir hatta meditasyon, insanı rahatlatır diyebiliriz. İlerleyen başlıklarda değineceğim ama burada minik bir not düşeyim; meditasyon, kesin bir şekilde tüm sorunlarımızı çözer ve bizi tamamen rahatlatır diye bir kaide yoktur. Rahatlamak ve gevşemek, meditasyon yapmanın yan ürünüdür, doğal bir sonucudur ama meditasyon, rahatlamak ve gevşemek değildir.

Meditasyon ciddi bir dini uygulama değildir

Meditasyon; belirli bir duruşta oturmayı, bazı mantraları mırıldanmayı, tütsü yakmayı ve bazı egzersizler vb. yapmayı gerektiren spesifik bir ritüel değildir. Şunu eklemem gerekir ki bir önceki cümlede saydığım ve başka sayabileceğimiz bazı pratiklerin meditasyona veya farkındalıkla yapabileceğimiz eylemlere faydası olmaktadır. Faydası olan şeyler, eylemin kendisini tanımlamamaktadır. Meditasyon, varlığımızın bir niteliğidir. Gerçek özümüzün farkına vardığımızda, farkındalıkla yapıyor olduğumuz her şey meditasyona dönüşür.

Meditasyonu öğrenmek için kişinin zaman ve samimi bir çaba göstermesi gerekir. Buradaki "samimi çaba" kişinin içsel yolculuğuna duyduğu meraktan kaynağını almalıdır, zira meditasyon katı bir dini pratik değildir. Meditasyon genelde Doğu kültürüyle özdeşleştirilmiş bir kavramdır ama kişinin kendi içine dönmesinin ve farkındalık çalışmaları yapmasının dini, ülkesi, inancı ve tanımlanabilecek herhangi bir durumu yoktur. Kişinin özgeçmişi, dini, ülkesi ve inancı ne olursa olsun, bu durum meditasyon yapmasına engel değildir. Hatta meditasyon çok ciddi bir yaklaşımla ve ağırbaşlılıkla yapılması gereken bir şey de değildir.

Meditasyon belirli bir zihin/akıl durumu değildir

Meditasyon, zihinden uzaklaşma durumudur.

Bilim insanlarına göre beyin dalgalarının frekansına bağlı olarak temelde 5 çeşit beyin dalga durumu vardır. Bunlar: Delta, teta, alfa, beta ve gamadır. Her bir beyin dalgasıyla farklı işlevleri yerine getirebiliyoruz. Mesela günlük aktivitelerimizi gerçekleştirdiğimiz ve genellikle yaşadığımız beyin frekansı, betadır. Alfa ise genellikle meditasyondayken bulunduğumuz beyin frekansıdır fakat alfa beyin frekans durumu, meditasyon değildir. Meditasyon, alfa beyin frekansı içindeyken gerçek özümüzün farkındalık durumudur.

Kendi içsel çalışmalarımızla, dinlediğimiz bazı frekans müzikleri vasıtasıyla ya da beyin dalgalarımızı alfa frekansına eşitleyecek bazı elektronik aletler yoluyla kendimizi meditatif duruma geçirebiliriz. Beyin dalgalarının alfa frekansındaki zihin durumunda şimdiki anın içinde farkında şekilde kaldığımız durum, meditasyonda olduğumuz durumdur fakat hiçbir mekanik alet ya da frekans müziği, farkındalık yaratamaz. Dışsal şeyler sadece gerçek bilincimizin farkına varabilmemiz için uygun koşulları oluştururlar.

Meditasyon kendi kendini hipnoz etmek değildir

Hipnozda ve genelde birçok meditasyon tekniğinin başında, belirli bir şeye konsantre olma süreci vardır. Kişi hipnozda, yarı bilinçli bir trans durumuna girer ve şimdiki anın farkında olmaz fakat kişi meditasyondayken, şimdiki anın ve meditasyon sürecinde olduğunun bilinçli şekilde farkındadır.

Meditasyon düşünmek değildir

Meditasyon, düşünme/düşünce sürecini aşma yöntemidir. Beynimiz ya da zihnimiz sürekli olarak düşünce yaratan bir mekanizmaya sahiptir. Meditasyondayken farkına varılan en önemli olgu, sadece bedenimiz ve zihnimiz olmadığımızdır. İçimizde her türlü düşünce ve zihin sürecinden bağımsız olan bir farkındalık durumu mevcuttur. Bu bilinci (farkındalığı) öğrenmek ya da daha doğru şekilde söylersek bu bilinci yeniden hatırlamak/farkına varmak, meditasyonun kilit noktası ve en önemli amacıdır.

"Düşünüyorum,
öyleyse varım."
– Descartes

Meditasyon, Descartes'ın yukarıdaki görüşünü bir tık öteye götürüyor ve daha incelikli bir farkındalık seviyesiyle karşılık vermemizi sağlıyor.

"Varım, o yüzden düşünüyorum."

***Neden meditasyon* öğrenmeliyim?**

Hayat bazen zorlayıcı olabilmektedir. Çevremizde ve hayatımızda gerçekleşen durumları kimi zaman kontrol edemesek dahi bu durumlarla nasıl yüzleşeceğimiz ve bu durumlara ne şekilde karşılık vereceğimiz ise bizim elimizdedir. Hayatın yoğunluğu, artan teknoloji ve sürekli maruz kaldığımız bilgi karmaşası, zihnimizi gerçekten yormaktadır ve bu yüzden pek çok insan, iç huzur ve zihinsel sükûnet aramaktadır. Düşüncelerimiz ve hayat koşuşturmacaları içinde boğulmadan şimdiki anın içinde ne kadar kalabilirsek, hayatımızı daha uyumlu şekilde götürebilme şansımız da o kadar artmaktadır. Hayatımızın neresinde ve hangi zihinsel ve duygusal şartlar içinde olursak olalım, meditasyon kademeli olarak farkındalığımızı, dikkatimizi ve merhametimizi geliştirecektir ve bu durum zihnimizin daha sakin olmasına yol açacaktır.

Farkındalık yoluyla şu anki düşüncelerimizi ve hislerimizi daha iyi anlarız ve düşüncelerimizi ve hislerimizi gözlemlediğimizde ise neden şu anki düşüncelerimize ve hislerimize sahip olduğumuzu daha iyi kavrarız. Bunun sonucunda, hayata karşı daha sağlıklı bir perspektif elde ederiz. Merhamet ise hem kendimize hem de çevremize ve diğerlerine karşı daha nazik olmamızı sağlar. Bu da ailemizle, arkadaşlarımızla, ilişkilerimizle ve hatta varoluşla olan bağımızı daha sağlıklı hale getirir.

"Neden meditasyon öğrenmeliyim?" sorusunun cevabı, kişiden kişiye değişmektedir. Kişinin, meditasyonu ne şekilde algıladığının ve meditasyondan beklentisinin ne olduğunun cevabına bağlı olarak farklı sonuçlara erişebiliriz. İlerleyen başlıklarda meditasyonun faydalarından bahsederken göreceğimiz gibi meditasyonun faydaları çok derin ve hayat değiştiricidir. Özetle, düzenli olarak meditasyon yapmak fiziksel, zihinsel, duygusal ve psikolojik olarak bireyin yaşam kalitesini yükseltmektedir.

Kişi şu sebeplerden ötürü meditasyon yapmak isteyebilir:

- Dikkati geliştirmek ve toparlamak.
- Zihni sakinleştirmek ve düşünce sürecini yavaşlatmak.
- Fiziksel olarak kontrolü ele almak.
- Kendi Öz'ünün farkındalığına erişmek.
- Uykuyu düzene sokmak.
- Merak etmek.
- Stres, depresyon, ağrı, anksiyete veya bazı sıkıntıların üstesinden gelmek.
- İçsel blokajlar ve çakralar üzerinde çalışmak.
- Enerji çalışması yapmak.
- Ezoterik bazı farkındalık seviyelerine erişmek, ezoterik çalışmalar yapmak.

Meditasyonun Faydaları Nelerdir?

Gün içerisinde kısa bir süre de olsa farkında ve anda kalma pratiği yapmanın fiziksel ve zihinsel sayısız faydası vardır. Meditasyonu hayatımızın rutinine sokmamızın ve sürekli şekilde yapmamızın, uzun vadede çok daha büyük faydaları olacaktır. Şimdi meditasyon yapmanın faydalarını temel bir şekilde açıklayalım:

Meditasyon, zeki varlıklar olduğumuzun farkına varmamızı sağlar

> *"Kendi gözleriyle gören ve*
> *kendi kalpleriyle hisseden*
> *insan sayısı çok azdır."*
> – Einstein

Einstein'ın sözlerini baz alarak şu soruları soralım kendimize: Bir insan ne zaman kendi gözleriyle görür ve kendi kalbiyle hisseder? Bir insan ne zaman kendisine aktarılan önyargılardan bağımsız olarak dürüstçe ve korkusuzca kendi zekâsını kullanır?

Sorunun cevabı şudur: Kişi, kendi gerçek kimliğinin her türlü önyargıdan ve ona dayatılan fikirlerden özgür olduğunu anladığı zaman. Bir başka deyişle kişi, kendi içindeki bilincin varlığını herkesin içinde gördüğü zaman. Kendi varlığımızın farkına vardığımızda, herkesin içindeki ilahiliği görmeye başlarız. Herkesin özü aynıdır, fakat tekâmül seviyesi farklıdır.

Meditasyon yoluyla; önyargılarımızın, kibrimizin, nefretimizin, kıskançlığımızın ve bize dayatılan ya da bizim oluşturduğumuz fikirlerin tüm kaynağının zihin olduğunun farkına varırız. Bu farkındalık, hayatımızda enerjimizi emen ama farkına varamadığımız olguların ortaya çıkmasına yol açar. Doğru bir yaklaşımla, kavrayışla ve doğru tercihlerle, kendimizi enerjimizi emen tüm çarpıklıklardan uzaklaştırabiliriz.

Meditasyondayken, zihni daha iyi anlarız ve çok bilgili olmakla zeki olmak arasındaki ayrımın farkına varırız. Bu ayrımın farkına varmamız, başkalarının bizim adımıza kararlar almalarına ve fikirler oluşturmalarına izin vermemizin yerine, kendi gözlerimizle görüp kendi kalbimizle hissederek hayatı algılamamızı sağlar. Kendimizi anlamamız, başkalarını anlamaya giden en önemli yoldur. Meditasyon, başkalarına karşı daha anlayışlı olmamızı sağlar.

Meditasyon, zaman/mekân farkındalığımızı geliştirir

Doğru meditasyon deneyimiyle ve doğru bir kavrayışla, şimdiki ana nasıl odaklanacağımızı ve geçmiş ve gelecek kaygısını nasıl sonlandırabileceğimizi ya da hafifletebileceğimizi öğreniriz. Zihin, genellikle ya geçmiş durumlara ya da gelecekteki beklentilerimize tutunmaya meyillidir. Şimdiki an farkındalığı, zihnin maymun kısmı sesini kesmektedir.

Meditasyon, bilinçaltımızın ve gölge taraflarımızın farkına varmamızı sağlar

Meditasyon yoluyla, bilinçaltı derinliğinin farkına varırız. Düşüncelerimizin, tutumlarımızın, hislerimizin, davranışlarımızın, enerjimizin birbiriyle olan nedensellik bağının içgörüsünü geliştiririz. Belirli bir meditasyon farkındalığı sayesinde yavaş yavaş duygularımızın, düşüncelerimizin ve enerjimizin daha incelikli/derin dalgalanmalarını fark ederiz ve bu durum, zihnimizi, bedenimizi ve duygularımızı daha iyi anlamamızla sonuçlanır.

Gölge kısmımız ise basitçe şudur: İnsan olarak tamamen bilinçli değiliz. Bilinçsiz taraflarımız da bulunmaktadır. Bilinçsiz kısımlarımız; bilinçaltımız, kendimize yalan söylediğimiz kısımlarımız, iyileşmemiş yaralarımız, sıkışmış duygularımız, kendimizde kabul etmediğimiz, farkına varamadığımız taraflarımız diyebiliriz. Kendi bütünlüğümüzü bir olarak düşünelim ve yaşamımızı ise düalite içinde bölünmüş olarak görelim. Tüm yaşam mantığı ise kendi bütünlüğümüzü elde etmektir. Kendi gölgelerimizin farkına varmamız ve gölge çalışması yapmamız, spiritüel yolculuğun en zorlu ve en olmazsa olmaz süreçlerinden biridir. Meditasyonun en mükemmel bir o kadar da en tehlikeli kısmı da burada yatmaktadır. Mükemmel kısmı, kendi benliğimizin farkına varmamız ve kendi içimizdeki bilinçsiz tarafları görmemizdir. Tehlikeli kısmı ise bir anda tüm gölge tarafımızla karşılaşma ve bunları nasıl çözümleyebileceğimizi bilememe korkusudur.

Hayata karşı olan tavrımız değişir

Kendi içimize döndüğümüzde, kendi artılarımızı ve eksilerimizi fark ettiğimizde ve en nihayetinde hepimizin özünün aynı olduğunu anladığımızda, hayata karşı tutumumuz daha minnet ve sevgi dolu olmaya başlar. Bu tutum, küçük şeylerin içindeki güzellikleri görmemize, yaşamın büyük perspektifini algılamamıza ve problem odaklı olmaktan öte çözüm odaklı olmamıza yol açar.

Ek olarak, meditasyonun bir diğer faydası da şudur; içe döndüğümüzde, gözlemci olduğumuzda içimizde her ne varsa onları olduğu gibi kabul ederiz. Tabii ki bu başlarda çok zor olabilir. İçimizdeki artıları ve eksileri yani içimizdeki tüm olanları kendi isteklerimiz ve zihinsel yansıtmalarımızın olmasını istediği gibi yorumlamayıp, olanı olduğu gibi kabul ettiğimizde, yaşama ve kendimize karşı olan perspektifimiz daha sağlıklı bir hale gelir ve bu durum, meditasyonun getirdiği en önemli faydalardan biridir.

Meditasyon stres, anksiyete, depresyon ve uyku problemlerimizle başa çıkmamıza yardımcı olur

Stresi azaltmak, insanların meditasyona başlaması için ortak bir dürtüdür. Hayatımızda stres yaratan tüm durumlar, kan basıncımızın yükselmesine neden olur. Bu yüzden, modern yaşamın getirdiği stresle başa çıkmanın en iyi yöntemlerinden biri meditasyondur. Kronik stres, sayısız mental ve fiziksel sağlık sorununun ana faktörüdür ve stresle sağlıklı bir şekilde başa çıkmak çok önemlidir. Yapılan araştırmalara göre (Johns Hopkins Üniversitesi'nin yaptığı bir araştırma) meditasyonun, stresten kaynaklanan psikolojik semptomları hafiflettiği kanıtlanmıştır.

Ayrıca, Harvard Üniversitesi Tıp Fakültesi psikiyatrlarının yaptığı bir başka araştırmada ise genel anksiyete bozukluklarını olan kişilerin, farkındalık temelli stres azaltma meditasyon programı ile anksiyete sorunlarına belirli seviyede çözümler buldukları açıklanmıştır.

Dünya Sağlık Örgütü'ne göre dünya genelinde 300 milyondan fazla insan depresyon sorunuyla uğraşmaktadır ve bu kişiler, depresyonun yan etkisi olarak odaklanma ve uyku sorunları yaşamaktadırlar. Depresyonun semptomları kişiden kişiye değişmekle birlikte, depresyonda olup meditasyon terapisi uygulayan kişilerin kayda değer şekilde gelişme gösterdikleri görülmüştür.

Meditasyon öfke, sinir, agresiflik ve hayal kırıkları ile daha sağlıklı şekilde yüzleşmemize yardımcı olur

Hepimizin hayatında öfke, sinir ve hayal kırıklıkları yaratan deneyimler ve bunlarla yüzleşmek zorunda olduğumuz dönemler olmuştur. Tüm bu negatif duygular, psikolojik savunma mekanizmaları yaratır. Meditasyon, tüm bu negatif duyguları deneyimlerken, sakin kalmamıza yardımcı olur. Meditasyon sayesinde düşüncelerimizin, duygularımızın ve hislerimizin daha farkında oluruz ve ne zaman bir negatif düşünce ya da duygu yüzeye çıkarsa, bu düşünce ve duygulara otomatik olarak reaksiyon vermekten öte daha farkında şekilde karşılık veririz. Öfke gibi negatif duygular kan basıncının, kalp atış hızının ve nefes sıklığının yükselmesine neden olur ve beden ise bu yükselen değerlere göre reaksiyon gösterir fakat meditasyon yoluyla gelen sakinlik ve farkındalık, bu semptomları sakinleştirmemize yardımcı olur.

Meditasyon; konsantrasyonu, hafızayı, yaratıcılığı ve motivasyonumuzu geliştirir

Dikkat dağınıklığımız, konsantrasyon problemimiz ya da motivasyon sorunumuz varsa, meditasyonun en önemli aracı olan anda kalma çalışmaları ile tüm bu sorunların yarattığı dağınıklıkların farkına varıp tekrar şimdiki ana geri geliriz. Meditasyon yazılarımın başındaki dört zihinsel yolu hatırlıyorsanız, ne demek istediğimi daha iyi anlayacaksınız. Anda kaldığımızda ve zihnin başıboş gezinmelerinin farkına vardığımızda konsantrasyon ve hafıza gibi zihinsel yeteneklerimiz daha gelişir ve doğru tercih ve eylemlerimizle yaratıcılığımız daha çok artar. Bir şeyi yapabilmemiz için ana gelmemiz ve anda odaklandığımız şeye zihnimizi dağıtmadan konsantre olmamız gerekir. Meditasyon yoluyla, zihinsel dört yol üzerinde belirli bir kontrol elde ederiz ve bu farkındalıkla, yapamayacağımız hiçbir şey yoktur.

Aydınlanma

Sırf meditasyon yapıyor olmamız, aydınlanacağımız anlamına gelmemektedir fakat kendini meditasyona adayan ve doğru içsel çalışmalar yoluyla aydınlanmaya (mokşa, nirvana, samadhi) ulaşılabileceği de bilinmektedir.

Belirli bir beklentiyle meditasyon yapmaktan öte, beklentisizce meditasyon yapın ve size uygun olup olmadığına kendiniz karar verin. Meditasyon yapmadan önce daha önce meditasyon yapıp, işin artılarını ve eksilerini bilen kişilerden fikirler almak tabii ki çok faydalıdır. Fakat unutmayın ki kendinizle baş başa kalacağınız bir yere giriyorsunuz ve orada nelerle karşılaşacağınız tamamen size özgü olacaktır.

Meditasyonu, düzenli bir alışkanlık haline getirmek meditasyonun faydalarının farkına varılmasının ve deneyimlenmesinin en önemli adımıdır. Araştırmalara göre meditasyonun düzenli şekilde yapılması, meditasyonda geçirdiğimiz sürenin fazlalığından daha önemlidir. Bir hafta boyunca her gün yapılan on dakikalık bir meditasyon, haftada bir kez ama bir saat yapılan meditasyondan daha faydalıdır.

Günlük kısa meditasyonlar yapmayı alışkanlık haline getirmemiz, beynimize şimdiki anda nasıl kalınacağını ve bu farkındalığı günlük aktivitelerimizde de nasıl koruyacağımızı öğretmemiz anlamına gelir. Meditasyon yoluyla farkına vardığımız ve geliştirdiğimiz nihai farkındalık durumunu günlük hayatımızda ne kadar uzatırsak, hayatımızda yaptığımız her şey meditasyona dönüşecektir. Hayatımızda yaptığımız her şeyi, anda gerçekleştirdiğimizde ise belirli bir meditasyon tekniğine ihtiyacımız kalmayacaktır. Çünkü kendimiz meditasyona dönüşmüş olacağızdır.

Ayrıca verdiğim uygulamalarla inanılmaz keyifli bir şekilde kendi kendinize şifa çalışabilirsiniz. Bugünden sonra hiçbir şey sizin için eskisi gibi olmasın, alanlarınızı ve kendinizi daimi olarak korumada tutarak tüm farkındalığınızı ve yüksek benliğinizi yaşamınıza dahil ederek içinizdeki bilgeyle yolunuza devam edebilirsiniz. Sizin hayatınızı sizden başkası değiştiremez. Sizin çabanız, sizin gerçeğiniz, sizin isteğiniz ve sizin seçkileriniz yarınınızı tamamıyla farklı bir hale dönüştürebilir. Her konu başlığı başlı başına bir çalışma alanı oluşturuyor. Örneğin, her gün nefes egzersizleri yapın çünkü nefes farkındalık alanınızın fazlasıyla açılmasına ve enerji beden üzerindeki blokajları çözmeye inanılmaz derecede yardımcı bir meditasyon çalışması. Çalışmalardaki 21 gün kuralını hiç atlamayın. Bilinçaltınız 21 günde gönderdiğini frekansla uyum sağlayıp eşleşecektir.

TLHT®-IŞIĞIN ŞİFASI-TESLİMİYET, ŞÜKÜR VE DUA ÇALIŞMASI

Teslimiyet, şükür ve dua, bizi biz yapan her bir hücrenin bilincine akıttığımız en büyük enerji. Yıllardır bu çalışmayı herkese duyurmaya gayret ederim, ne kadar teslimiyet, şükür ve dua enerjisi içine girersek o kadar kendimizi anda yenileme fırsatı buluruz. Çalışmaya başlamadan evvel sakin bir ortam oluşturun lütfen. Derin birkaç nefesle zihninizdeki tüm hengâmeyi dindirin ve farkındalığınızı taç çakranızdan başlayarak adım adım kalp çakranıza kadar indirin. Kendinizi yemyeşil, capcanlı ışık küresi içerisine alarak aşağıdaki onamaları okuyun veyahut kendi sesinizle kayıt alıp dinleyin. Çalışma bittikten sonra iç huzurunuzu gözlemleyin.

Hepimizi yoktan var eden Yüce Allahım, benim, ailem ve atalarım, varoluştan bugüne kadar herhangi bir şekilde birine hakaret ettilerse veya onlara hakaret edildiyse, yaralandılar ya da yaraladılarsa, hak edilmedikleri davranışlara maruz kaldılarsa veya onlar karşısındakilere hak etmedikleri gibi davrandılarsa, Yüce Allahım; varoluştan şimdi bugüne kadar senden bağışlanmayı diliyoruz. Şimdi şu anda senden talep ediyorum.

Yüce Allahım; bu duam tüm tıkanıklıkları açsın, temizlesin, bu yakarış kötü duyguları ve hatıraları silsin, tüm olumsuz yaşanmışlıklar bu dua ile son bulsun, tüm blokajlar ve negatif istenmeyen enerjiler temiz, tertemiz enerjiye, duru ışık ve koşulsuz sevgi enerjisine dönüşsün.

Ey ALLAHIM!

Sen ümit edeni ümitsizliğe düşürmezsin.

Sen, senden isteyeni geri çevirmezsin.

Ey ismi deva, Zikri şifa ve itaati zenginlik olan; sermayesi ümit ve silahı dua olan bu kullarına maddi manevi şifa ol YA RABBI!

Sana yönelen kalplerimizi bos çevirme.

Şükredebildiğimize, dilimize verene, hamt olsun diyerek şükredelim.

Her günle bana verilmiş olan dünya yaşamı için şükrediyorum. Aklım, bedenim ve yaşamım için şükrediyorum. Şifa bulmak, vermek ve aydınlanmak için olan arzuma şükrediyorum. Benliğimi ilahi sistemin benliğine bırakıyorum. Akışa direnmeden kendimi bütünün hayrına ve en yüksek iyiliğine teslim ediyorum. İlahi bilgiyi taşıyan ışığı ve bu ışıkla çevremi aydınlatmayı seçiyorum. İnsanları affetmeyi ve onları sonsuz bir şekilde sevmeyi seçiyorum. Kendi varlığımı ve ilahi bilgeleri, bilgelikleri onurlandırmayı seçiyorum. Değişimi seçiyorum ve değişime güveniyorum. Biliyorum ki her şey ilahi planda benim iyiliğim ve güvenliğim için.

Yüce Yaradanım, bana verdiğin ruha ve bedenime rehberlik et... Sade bilgelikle dolup bu bilgeliği yaymak talebimdir. Her güne, bedenim, ruhum, kalbim ve zihnim sevgi saçarak daha güçlü başlasın. Saf olmayan her şey zihnimi, kalbimi ve bedenimi terk etsin. Bedenimin her hücresi, varlığımın her zerresi bilgelik ile dolsun. İlahi aşka, bilgiye, aydınlığa kavuşmaktır dileğim. Kendi derinliğimi, içimdeki güzelliği ve yaradılışımdaki hakikati bulmama yardım et. Varlığım tüm varlıkların hayrı için evrensel sevgi ve ışıkla aydınlansın.

AŞKOLSUN

TLHT®-IŞIĞIN ŞİFASI-BOLLUK BEREKET ŞİFALANDIRMA PROGRAMI

Bolluk bereket enerjisinin önündeki en büyük engel yine bilinçaltı kodlarımızdan geliyor. Kendimizi zengin olmaya layık görmediğimiz anlar ve konuşmalarımız dahi olmuştur. Aylık takvim üzerinde 8 rakamını bulduğunuz günleri not alın ve hatırlatmalar kurun. O gün evinizin, işinizin, bedeninizin ve enerji alanlarınızın bolluk bereket enerjisiyle uyumlanması size harika deneyimler sunmaya hazırlanacaktır. Bundan zerre şüphe etmeyin ve refah içinde yaşamanın, zenginliğin, sınırsız bolluğun sizin hakkınız olduğunu sıklıkla kendinize vurgulayın. Sağlıklı ve arınmış bir enerji alanının çekim kuvvetinin ne kadar yoğun ve başarılı olabileceğini unutmayın. Küçük değişimler, büyük değişimleri size getirecektir.

Bolluk bereket günlerinde evinizin güneydoğu bölümünü kullanın. O alanda küçük mor bir kutunuz olsun ve bolluk bereket günlerinde içine bir miktar para koyun. Evinizde mutfağınızın temizliğine özen gösterin. Mümkünse bolluk bereket günlerinde ocağınızı iyice temizleyin ve genel olarak ocağınızın bütün gözlerini kullanın. Evinizdeki eşyaların düzenli olmasına özen gösterin. Banyoda klozetin kapağını kapalı tutun. Özellikle evinizin güneydoğu bölümünde bolluk bereket enerjisinin çekim alanında olacağınız için o bölümdeki objeleriniz ağır ve güzel olmasına özen gösterin. Olumlamalar ve niyet cümleleriyle kendinizi günün enerjisinde sıkı sıkı tutabilir, uyumlayabilirsiniz. Son olarak mutfağınızda cam kavanozunuz olsun ve içine madeni para atın. Madeni paranın evrensel çekim yasasıyla ilişkisi çok yoğundur.

Eğer uzun zamandır beklediğiniz para gecikiyorsa, arka arkaya beklediğiniz işler erteleniyor ya da iptal oluyorsa, kendinizi bir anda kötü, mutsuz veya gergin hissediyorsanız, paranın, bolluk ve bereketin önünde bir blokaj oluşmuş demektir. Para ve bereket, çoğalacağı yerler arar. Enerjisel olarak kirli mekâna gelmekten kaçınır. Bu sebeple akışın tıkandığını hissettiğiniz zamanlarda evinizde, ofisinizde enerjisel mekân temizliği yapmanız gerekir. Enerjisel mekân temizliği yapmanız için birkaç faydalı örnek vermek isterim:

Adaçayı yakmak ve sonra ortamı havalandırmak, temizlik malzemesinin içine beyaz sirke ilave edip yerleri temizlemek.

Himalaya tuzlu su kâsesi kullanmak.

Ametist, kristal kuartz kristalleri kullanmak.

Himalaya tuzu lambası kullanmak.

Mum yakmak mekân temizliğine yardımcı olur.

Kişisel arınma da önemlidir. Sirkeli su ile yıkanmak.

Akik, ametist veya kuartz taşı kullanmak enerjisel blokajları çözmede yardımcı olur.

Mekânınızı ve kendinizi temizleyin.

Hak ettiğiniz güzellikleri, aşkı sevgiyi, parayı, sağlığı, bolluk ve bereketi kendinize çağırın.

Niyet:

Şu anda hayatımda bana ait olmayan tüm parayla alakalı negatif duygu ve düşüncelerimi kaynağa gönderiyorum. Çevremin ve benliğimin Yaradan'ın nuruyla, ışığıyla aydınlanmasını ve arınmasına niyet ediyorum. Hayatıma daha fazla refahı, bolluğu, bereketi ve zenginliği kabul ediyorum, onaylıyorum ve refah içinde yaşamayı hak ediyorum. Bolluk bereket içinde bir hayatım olmasını seçiyorum. Gelirimin en üst seviyede artmasına ve mükemmel şartlarda yaşamaya niyet ediyorum. Ben bolluk bereket, refah ve zenginlik içinde bir hayat sürmeyi seçiyorum ve şimdi bolluk bereket enerjisini hayatıma davet ediyorum. Ben para mıknatısıyım. Para bana her türlü kaynaktan ve helal yoldan kolaylıkla ve çabuklukla, artarak gelir. Buna hazırım ve kabuldeyim.

AŞKOLSUN

TLHT®-IŞIĞIN ŞİFASI-SUYLA BEDEN ŞİFALAMA VE SU KODLAMA

Her şeyin bir bilinci var. Suyun bilinci ve içerisindeki kristaller her an canlılığını korur. Püf noktamız suyun canlı olması. Beklemiş suyu kullanmanızı çok önermiyorum. Canlı suyun şifasının inanılmaz sonuçlarla sizi beklediğini unutmayın. Mucize diyoruz, işte mucize senin bilincinden, canlı suyuna akan bilinçte.

Bilimadamları suyun üzerinde çeşitli deneyler yaptılar. Japon bilimadamı Emoto'nun çalışmasında somut kanıtlarla insanın titreşimsel enerjisinin, düşüncesinin, kelimelerin, fikir ve müziğin, hatta son yaptığı çalışmalarda suya oynatılan filmlerin dahi suyun moleküler yapısını etkilediğini ispat etmiştir. Su bu gezegendeki yaşamın kaynağıdır. Beden bir sünger gibidir ve hücre denilen, sıvı dolu trilyonlarca odacıktan oluşur.

Yaşamımızın kalitesi sıvımızın kalitesi ile direkt bağlantı halindedir. Su son derece uyumlu bir maddedir. Fiziksel şekli kolayca bulunduğu ortama adapte olur. Fakat değişen sadece fiziksel şekli değildir, moleküler şekli de değişir. Çevreden aldığı enerji veya titreşimler suyun moleküler şeklini değiştirir. Bu anlamda su sadece görsel olarak çevresel durumu yansıtmaz, aynı zamanda moleküler anlamda da yansıtır.

Emoto görsel anlamda bu moleküler değişimi ortaya koyar. Su damlacıklarını dondurup, fotoğraf çekme kapasitesi olan bir karanlık alan mikroskobu altında inceliyor. Yapılan çalışmalar çevresel etkilerin suda yarattığı moleküler değişimi açıkça ortaya koymakta. Emoto dünyanın değişik kaynaklarından alınan ve değişik durumlarda olan suyun kristalize şekillerinde birçok büyüleyici farklılıklar keşfetmiş. Akarsulardan ve kaynaklardan alınan su çok güzel geometrik şekilleri olan kristal desenler gösterirken, sanayi ve yerleşimin yoğun olduğu yerlerden alınmış kirli ve toksik su ile su borularında, depolarda bekletilen durgun su damıtılmış olsa bile kesin olarak şekilsel bozukluk ve rasgele oluşmuş kristal şekiller oluşturuyor.

Suyumuza pozitif ve olumlu kelimelerle bilinç katabiliriz ve içindeki kristalleri şifayla bütünüyle bedenimizde harekete geçirebiliriz. Harika olan şu ki suyla bedenimizi şifalayabiliriz.

Her banyoya girdiğinizde, yazacağım uygulamayı yapmanızı tavsiye ediyorum. Ayrıca suyunuza güzel kelimelerle olumlamalar söylediğinizde suyunuzun içerisindeki kristallerin bedeninize sirayet edip, bilinci yükseltmenize yardımcı olacağından sıklıkla suyunuzla konuşun.

Örneğin, vücudunuzda herhangi bir hastalık varsa "YA ŞAFİ" esmasını suyunuza 101 defa söyleyin, esmayı söylerken şifa baloncukları zihninizde belirsin ve hepsinin üzerinde "YA ŞAFİ" yazsın. Siz tekrar ettikçe şifa balonlarının suyunuzun içine girdiğini imgelemeniz yeterli olacak. Suyunuzu içtiğinizde şükür ve teşekkür enerjisine kendinizi uyumlamayın ardından duşa girin ve talimatları uygulayın.

Suyla şifalanma yöntemi

Kendinizi suyun şifasına bırakın lütfen, daha sonra suyun altındayken gözlerinizi kapatın. İmgeleme yöntemiyle kendinizi muhteşem bir şelalenin önünde görün. Sonra o şelalenin altında olduğunuzu fark edin ve yıkanın. Akan se [illegible] suyun enerjisiyle iç ve dış temizlik yapın. Kalp çak [illegible] yaz ışık belirsin ve kocaman bir şifa topuna dönüşsün, [illegible] çak-ranızın olduğu noktaya yerleştirin ışık topunu, suyun tadına, rengine, kokusuna ve ısısına dikkat edin.

Su tüm vücudunuzda gezinirken, sizdeki bütün kötü enerjinin aşağı doğru itildiğini ve ayaklarınızdan çıkarak akan suyla beraber gittiğini düşünün. Tüm arınmışlığı fark ettiğinizde tepe çakranızdan içeri akan su tüm vücudunuzu bir kap gibi doldursun. Akan suyun Yaradan'ın nuru olduğunu gözünüzde canlandırarak devam edin.

Şu sözleri tekrar edebilirsiniz:

Akan suyun her bir kristali tüm bedenime şifayla ulaşıyor. Mutluluk her zerreme ulaşıyor, huzur ve sağlık her zerreme ulaşıyor. Arınıyorum, temizleniyorum, şifalanıyorum. *Kendimi olumsuz negatif tüm frekans etkileşimine kapatıyorum,* ön ve arka *portallarım kapalı. Anahtar da benim kilitte. Pozitife, olumluya, güzele açığım... Şükürler olsun, teşekkür ederim.*

Son olarak bilirsiniz negatif etkilere karşı sirke çok etkilidir, duştan çıkmadan özellikle beyaz sirkeli bir miktar suyu tepenizden dökmeniz negatif enerjilere karşı kalkan oluşturacaktır.

AŞKOLSUN

TLHT®-IŞIĞIN ŞİFASI-OSHO BOYUTSUZLUK MEDİTASYONU

Sufi tekniğine dayalı bu meditasyon, merkezimizi keşfetmemize ve merkezimizde kalmamıza yardım eder. En keyif aldığım meditasyonlardan biridir. Meditasyonun interaktif linkini kare kod(???) olarak ekleyeceğim.

Bu meditasyonun üç aşaması vardır. İlk iki aşamada gözler açık olacaktır. Fakat gözler herhangi bir yere odaklanmayacaktır. Son aşamada ise kapalı olacaktır.

Birinci Aşama: Sufi Hareketleri/30 dakika

Sabit durun ve sol elinizi kalbinizin üzerine, sağ elinizi de, göbek deliğinin iki parmak altına koyun. Bu şekilde kıpırdamadan bir süre durun. Müziği dinleyin ve bedenin merkezini hissedin. Zil çaldığında aşağıda tarif edilen hareket silsilesini tekrar edin.

1. Haranın üzerinde iki elinizi birbirinin üzerine koyup avuç içleri aşağı bakar şekilde birleştirin. Burundan nefes alarak ellerinizi kalp seviyesine kadar kaldırın ve onları

sevgiyle doldurun. Nefesinizi sesini duyacağınız şekilde verin. Bunu yaparken dünyaya sevginizi yollayın. Aynı anda parmaklar açık olmak kaydıyla sağ kolunuzu ve sağ ayağınızı ileriye doğru uzatın, hamle yapın. Aynı anda sol elinizi haraya doğru indirin. Son olarak sol el inerken, sağ kol ve ayak geri dönecek ve orijinal pozisyonda, eller haranın üzerinde tekrar birleşmiş olacak.

2. Bu hareketi sol el ve ayaklar için tekrar edin ve sonunda yine orijinal pozisyona dönün.
3. Aynı hareket serisini bu kez sağ el ve ayaklar ileri uzatılırken, sağ tarafa doksan derece dönerek tekrar edin ve orijinal pozisyona dönün.
4. Aynı hareket serisini bu kez sol el ve ayaklar ileri uzatılırken, sol tarafa doksan derece dönerek tekrar edin ve orijinal pozisyona dönün.
5. Aynı hareket serisini bu kez sağ el ve ayaklar ile yüz seksen derece geriye, sağ taraftan dönerek tekrar edin ve orijinal pozisyona dönün.
6. Aynı hareket serisini bu kez sol el ve ayaklar ile yüz seksen derece geriye, sol taraftan dönerek tekrar edin ve orijinal pozisyona dönün.

Meditasyonun bu aşaması, yavaşça başlayıp zamanla yoğunlaşır ve hızlanır. Müziği, doğru ritme uyabilmek için kullanın ve haradan hareket etmeyi unutmayın. Kalçalar ve gözler hareketin yapıldığı yöne doğru bakmalıdır. Hareketleri akıcı ve zarif bir biçimde yapın. Yine nefes verirken, sesinizi duymaya özen gösterin.

Bu aşama müziğin bitmesiyle son bulur. Bir süre sonra başlayan müzik ile ikinci aşama başlar.

İkinci Aşama: Semah Dönüşü

Sağ ayak başparmağınızı sol ayak başparmağınızın üzerine koyarak durun. Kollarınızla kendinize sarılın ve kendiniz için sevgi duyun, kendinizi sevin. Müzik başladığında öne doğru eğilip selam durun. Varoluşa, sizi bu meditasyona getirdiği için şükran duyun ve bunu ona sunun. Tempo değiştiğinde, sağ ya da sol, hangisi size doğru olduğu hissi uyandırıyorsa o tarafa doğru semah dönmeye başlayın. Başlangıçta kollarınızı iki tarafa açın ve başınızı, şayet isterseniz, hangi yöne doğru dönüyorsanız o tarafa doğru yaslayın. Dönmeye başladıktan sonra yavaşça, istediğiniz şekilde bu pozisyonları değiştirebilirsiniz.

Eğer ilk kez semah dönüyorsanız, yavaş bir şekilde başlamanız en iyisidir. Bedeniniz ve zihniniz dönmenin etkilerine alıştıktan sonra kendiliğinden bir hızlanma olacaktır. Ancak, hiçbir şekilde bunu sizin zorlamamanız gerekmektedir. Bunun tamamıyla kendiliğinden olmasına izin vermelisiniz. Şayet bir şekilde başınız döner ya da bulantı başlarsa, yavaşlayıp durabilir ya da oturabilirsiniz.

Semahı bitirmek için yavaşlayın, durun ve kollarınızla kendinize sarılın.

Üçüncü Aşama: Sessizlik

Gözler kapalı olarak, göbeğinizin üzerinde yere uzanın. Bacaklarınızı açık tutun. Bu sayede, meditasyon sırasında harekete geçen enerjilerin akmasına izin vermiş olursunuz. Kendinizle birlikte olmak dışında yapılacak hiçbir şey yok. Şayet rahatsız olduysanız, sırtüstü de yatabilirsiniz.

AŞKOLSUN

TLHT®-IŞIĞIN ŞİFASI-YENİAY VE DOLUNAY RİTÜELİ

Yeniay başlangıçlarla ilgilidir. Dolunay ise bitişleri sembolize eder. Yeniay dönemleri hayatımıza değişim enerjisi getirebilir. Yeni girişimler, yeni kararlar, yeni adımlar yeniay etkisi alanındadır. Yeniay dönemlerinde dikkat edilmesi gereken noktalar vardır. En önemlisi, değişim enerjisinin doğru anlaşılması ve doğru kullanılmasıdır. Bizi ani hareket etmeye ve hızlı karar vermeye zorlayabileceği için doğru anlaşılması önemlidir. Dolunayda ise yeniay sürecinde ektiğimiz ya da geçmişten bugüne gelen tüm istek, niyet, arzuların ekilen tohumlarının hasadını kontrol zamanıdır. Yeşermeyen tohumu bırakma zamanıdır.

Arınmış bir ruh demiştik hatırlarsanız. Arınmış ruh tam da burada yeniay zamanında devreye giriyor. Geçmişten bugüne nerde ne yaptığımızı bilmediğimizi ya da hatırlamadığımızı varsayarak gidelim. Kim bilir nerde kimin hakkında bilmeden gıybet yaptık. Kim bilir nerde ne zaman dualarımıza adaklar diledik ve gerçekleşen birçok niyetimize karşılık yapmadık. Kim bilir kaç kere gözümüzle görmüş gibi bir olay hakkında yemin vere vere onayladık. Kısacası farkında olduğumuz ya da olmadığımız bu davranışlar bizim negatif alanın oyununa düştüğümüzü gösteriyor. Bugün bir yerlerde kısırdöngüler yaşıyorsak tam da bu noktalara yaklaşıp geçmişimizi taramak gerekiyor.

Peki, gelelim "Ne yapmalıyız?" kısmına.

Her şeyin en başına dönüp arınma sürecimizi derhal başlatmalıyız. Arınma için öyle kendinizi deliler gibi dua okumalarına ya da başka ritüellere almanız gerekmiyor. Fakat tevhit ilk işimiz olsun. Kelime-i Tevhit bizi birliğe, birlik bilincine bağlar. İçimizin ve tüm alanlarımızın arınmasına yardım eder. Tövbeyi seçmeliyiz. Çünkü geçmişten bugüne ne yaptık bilemiyoruz. Biz yüce Allah'ın merhametine ve sevgisine sığınarak af dileyelim. Helalleşmemiz gereken insanlarla mutlaka helalleşip arınmayı seçmeliyiz. Unuttuğumuz adaklarımızı mutlaka yerine getirmeliyiz, yalan yere verilen tüm yeminlerden arınmalıyız.

Önemli noktalardan biri de, hayatımızdaki kargaşadan kaynaklı çözüm ararken kendimizi karmaşık ritüeller silsilesi içerisinde buluyoruz. Mümkün olduğunca toplu dua çalışmalarından uzak duralım. Toplu dua çalışmaları bizi gerçekten de daha fazla enerji karmaşası içine sokuyor. En kolay anlatılır örneği şudur ki bugün iş hayatımızda problem yaşıyorsak, Allah'ın celalini fark etmeliyiz. Özellikle Esma zinciri söz konusu olunca unutulmamalı ki Esma fıtrata, amaca uygun olmalıdır. Her insan, esmaya mazhar yaratılmıştır. Nasıl ki parmak izleri ve yüz ayrı ayrıysa aynen öyle de her insanın yaradılışında Esma farklılığı vardır. Kimi Rahman, kimi Vedüd, kimi Muhyi, kimi de Celil fıtratlardır. İnsanların anlaşmazlıklarının temelinde de Esma farklılığı vardır. Çalışılan Esma amaca uygun olmayınca beklenen yararlara ulaşılmaz.

Bizler arınmış bir ruhla, arınmış kalple niy
lım. Emin olun ki niyet ettiğiniz an her şey olm
za tezahür etmiyorsa bilin ki daha hayırlısı olac

Şimdi gelelim yeniay ve dolunay ritüeline.

Berekete mazhar olması adına para ritüeli hazırladım.

Bir elinize sitrin taşı diğer elinize de istediğiniz miktarda para alın. Sitrin taşınızı kalp çakranıza götürün, kalbinizden akan enerjiyle sitrin taşınızı arındırın. Bir sonraki adımda diğer elinizi kalp çakranıza götürün, elinizdeki parayı kalbinizden akan enerjiyle arındırın. Şimdi her iki avucunuzu açıp, avuçlarınızın gözlerinizden akan nurla kaplandığını imgeleyin.

Şimdi yeniay ya da dolunaya doğru bakarak tüm niyetlerinizi ve arzularınızı olmuş gibi hissederek dualarımızı yapalım.

Bismillahirrahmanirrahim.

33 defa Estağfirullah El-Azim,

33 defa SubhanAllah,

33 defa Elhamdulillah,

33 defa Allahu Ekber,

33 defa Lâ ilâhe illallâh Muhammedün Rasûlullâh,

Tövbe İstiğfar Duası Okunuşu: "Estağfirullah. Estağfirullah. Estağfirullahe'l-azîm el-kerîm, ellezî lâ ilâhe illâ hüve, El-hayyü'l-kayyûmü ve etûbü ileyhi. Ve nes-elühü't-tevbete ve'l-mağfirete ve'l-hidâyete lenâ, innehû, hüve't-tevvâbü'r-rahîm. Tevbete abdin zâlimin li-nefsihî, lâ yemlikü li-nefsihî mevten velâ hayâten velâ nüşûrâ."**(19 tekrar.)**

Tövbe İstiğfar Duası Anlamı: Mağfiretini talep ediyorum Allahım! Bağışlamanı diliyorum Rabbim! Kusur ve günahlarımdan beni tertemiz kılmanı istiyorum Yüce Mevlam!

Bir defa niyaz etmeniz yeterli.

(Bir âciz kul olarak ben) Kerim olan, kendisinden başka hiçbir ilah olmayan, daima diri (el-Hayy) ve her şeyin kendisiyle ayakta durduğu ve varlığını sürdürdüğü (el-Kayyum) Yüce Rabb'imin mağfiretini (bağışlamasını) niyaz ederim. O'na yönelir ve Yüce Zat'ından bizlere tövbe, mağfiret ve hidayet lütfetmesini talep ederim. Zira tövbeleri kabul eden ve kullarına son derece merhametli olan, O'dur. Kendi nefsine zulmeden ve ölmeye de, hayatta kalmaya da, yeniden dirilmeye de kendi iktidarı olmayan âciz bir kul olarak Rabb'ime tövbe ederim.

Yüce Allahım, içimizdeki çocukla "O" tertemiz saf Ol'an sevgimizle her an bağlarımız daha çok güçlensin ve muhteşem olsun.

Yüce Allah'ımızın bu ihtişamlı yeniay ve dolunay zamanında evrendeki yaratmış olduğu tüm insanların yüreklerine sonsuz sevgi dolu maddi-manevi bolluk ve hepimizin birbirimizi koşulsuz sevgiyle sevebileceğimiz pırıl pırıl parlayıp etrafımıza ışığımızı yayacağımız yeni bir ay olması niyetimizle.

Yüce Allahım izninle; sevgili baş meleklerim; lütfen! Bu muhteşem zamanda bana, aileme, sevdiklerime, ülkeme; sağlık, mutluluk, huzur, barış, maddi-manevi bolluk, neşe, şans, güzelliklerle, inançla dolu muhteşem bir yeniay ve dolunay olması için yardımlarınızı talep ediyorum. Bana zarar veren, artık yaramayan ve hizmet etmeyen tüm olumsuz düşünce, duygularımı, sözleri, negatiflikleri; varlığımı ve özgürlüğümü engelleyen tüm bu yükleri şimdi sonsuza kadar sevgimle kaynağa gönderiyorum. Yerine mucizevi bir şekilde; ruhumun, bedenimin, kalbimin, zihnimin, egomun sağlıkla dengeli bir şekilde, huzur, mutluluk, neşeyle, rahatlıkla, coşkuyla ilahi olan saf sevgi enerjisiyle dolmasına hepimiz için yeniliklerle ve sürprizlerle dolu muhteşem bir yeniay ve dolunay olması için niyet ediyorum.

Niyet:

Allahım izninle,

Sevgili baş melek Mikail, sevgili baş melek İsrafil ve sevgili meleklerim; bu ihtişam dolu yeniay ve dolunay zamanında .... (boşluğa istediğiniz dileklerinizi doldurun) sevgiyle, yürekten, samimiyetle, tüm inancınızla; hakkımda en hayırlı olanın, en doğru zamanda en iyi şekilde olmasını talep ediyorum. Yaşamımı tüm bunlara, daha iyisine, en iyisine, en muhteşemine, fırsatlar denizine akmaya, olumlu olan ne varsa benim ve bütünün en yüksek hayrına olması için sınırsız seçimlere kalbimi açıyorum ve niyet ediyorum şimdi diyerek yüreğinizdekileri kafadan değil kalbinizden geçenleri samimiyetle hissederek, sezgilerinizi dinleyerek yazıya dökün.

Tüm ritüel bittikten sonra kimseyle konuşmadan, sitrin taşımızı ve niyet yazımızı yastığımızın altına koyarak uyuyalım.

AŞKOLSUN

TLHT®-IŞIĞIN ŞİFASI-ENERJİ TOPRAKLAMASI

Gün içerisinde onlarca hatta yüzlerce insanla iletişim kurarız. Gün içindeki rutinlerimizde ve iletişim halinde olduğumuz insanlarla sürekli bir enerji tüketimi yaşarız.

Ve akşam olur, bir de bakmışız ki enerji namına hiçbir şey kalamamış üstümüzde, yorgun, bitkin hatta gergin hissederiz kendimizi. Çakralarımız dahi denge kaybına uğramaya başlar çünkü yaşam enerji akışımız tükenmeye başlamıştır.

Enerjinizi yeniden toplamanız için size bir teknik anlatmak istiyorum.

Kolaylıkla hiçbir ekstra çalışmaya gerek duymadan enerjinizin tükendiğini hissettiğiniz her an kendinizi evrenin boşluğuna alın ve bedeniniz elektrik akımına kapılmış gibi enerji alanınızı şarj edin. Evet, evet kendinizi şarj edin.

Aynı anda çakralarınızın saat yönünde sağlıklı bir şekilde dönüş yaptığını imgeleyebilirsiniz. Gün içerisinde bu tekniği kullanırsanız şayet, evinize gidince mutlaka duşunuzu alın ve az bir miktar dahi olsa kayatuzu ile vücudunuzu ovalayın.

Bunların dışında birkaç topraklama yönteminden daha bahsetmeliyiz.

Fotoğrafta gördüğünüz arınma enerjinizi dengelemeye, daha kolay merkezlenmenize yardımcı olur... Günlük yapacağınız kısacık dinlenme ve arınma meditasyonu gün boyu almış olduğunuz negatif enerji kancalarını rahatlıkla temizler, arındır. Sonrasında harika yenilenmiş enerjinizle muhteşem yaratımlar yapabilir, titreşiminizi yükseltebilirsiniz.

İhtiyacınız olan şeyler, biraz kayatuzu, biraz sirke, su ve ayaklarınızı koyacağınız bir kap.

TLHT®-IŞIĞIN ŞİFASI-NİYETLERİ GERÇEKLEŞTİRMEK İÇİN EN ETKİLİ RİTÜEL

Hayat bize her şeyi sunar. Bizim ondan alabileceğimiz kabımızın büyüklüğü kadardır. Kabımızın büyüklüğünü ise bizim neyi ne kadar alıp kabul etmeye istekli ve gönüllü olduğumuz belirler.

Neden hâlâ hayatım zahmet içinde geçiyor?

Neden hâlâ endişe ve mutsuzluk deneyimliyorum?

Hayatınızda hep aynı sorunları mı yaşıyorsunuz?

Hayatınızda sürekli aynı şeylere mi takılıyorsunuz?

İstediğiniz şeyleri, istediğiniz bolluk ve bereketi veya istediğiniz kişiyi hayatınıza çekmekte zorlanıyor musunuz?

Sorular zor fakat cevap çok basit.

Şu an neyi deneyimliyorsanız geçmişte bir noktada onu istediniz veya davet ettiniz. Ne zaman endişe ve kaygı düşünceniz varsa endişeye neden olan olayların fazlasını istiyorsunuz demektir. Bizler her zaman bilinçsiz olarak negatif şeyler isteriz. Birçok insan çoğu zaman negatif düşünüyor. Bunun için kimseyi suçlayamayız fakat farkındalığımızı genişletmek kolektiften negatif beslenmemize yardımcı olacaktır.

Bu negatif düşünceleri sadece pozitif düşüncelerle değiştirerek tüm alanlarımızdan gönderebiliriz. Şimdi sizinle harika bir uygulama paylaşacağım. Bu uygulamayı doğru, eksiksiz ve tam istekli yaparsanız birkaç gün içinde mucizenize tanık olursunuz.

Bu uygulamayı 21 gün ara vermeden yapmanızı önemle tavsiye ediyorum.

Öncelikle hayatınızda dönüşmesini istediğiniz konuyu belirleyin.

Başlangıçta ne istediğiniz konusunda açık olmanız gerekiyor. Bunun için niyet yazarak başlıyoruz. Her sabah uyandığınızda ve her akşam yatmadan önce niyetlerinizi şu şekilde yazın:

"Şimdi .... yapmaya niyet ettim, bunu veya daha iyisini kabul ediyorum." Eğer yeni bir ev istiyorsanız. *"Yeni bir ev almaya, tezahür ettirmeye niyet ettim. Bunu veya daha iyisini kabul ediyorum."*

En ince ayrıntısına kadar detaylandırın, evinizi tam manasıyla hayal ettikten sonra evinizin içinde gezintiye çıkın.

Bütün niyetlerinizi yazdıktan sonra şu cümleyi yazın:

"Lütfen bunların veya daha iyilerinin benim ve ilgili herkesin, bütünün en yüksek ve en yüce iyiliğine olacak şekilde gerçekleşmesini sağla. Teşekkür ederim, teşekkür ederim, teşekkür ederim."

Küçük mor renkte kutu hazırlayın ve onu sizin için özel bir yere koyun.

En yüksek niyetlerinizi kâğıtlara yazın ve kutunun içine koyun, şimdi yüksek benliğinizle iletişime geçip tezahür ettirmek istediklerinizi aktarmanız gerekiyor. Sabah ve akşam 15 dakika derin düşünme yapın ve sadece nefesiniz üzerine odaklanın.

Tüm farkındalığınızı zihninizdeki düşüncelerle birlikte öncelikle tepe çakranızda toplayın. Düşünce formlarınızı gözlemleyin, duyguların tadına bakın. Derin bir nefesle tüm farkındalığınızı omurilik hattınız boyunca tutun ve ilahi kaynağın gücünü omuriliğinizde fark edin, tekrar derin nefesle şimdi tüm farkındalığınızı kalbinize toplayın. Sadece nefesinizde kalın. Birkaç dakika bu alanda sakince gözlemleyin kendinizi. Dikkatinizi tekrar nefesinize getirin. Bu teknik sizin kolektif alanla tekrar bağlanmanızı sağlar ve enerjinizi yeniler. Bağlantıyı hissettiğinizde kolektif alan sizin için en iyi şekilde çalışır.

Negatif bir duygumuz varsa onu hemen o an değiştirmeliyiz. Birikmesine izin vermeyin. Duygularınızın ve düşüncelerinizin farkında olun. Şimdi gelelim üçüncü aşamaya.

Gün içinde en az 17 saniye güzel duygular düşünün. Yazdığınız niyetlere odaklanın. Sizi iyi hissettiren ve şükran duyduğunuz olayları, şeyleri ve insanları düşünün. Size kendinizi iyi hissettiren şeylere 17 saniye boyunca odaklanın. Bunu kendinizi iyi hissetmediğiniz zaman yapabilirsiniz. Şükran duyduğunuz ve yapmaktan zevk aldığınız şeylerin listesini yapın. Gün içinde bu listeye defalarca bakın.

Son aşamaya geçmeden önce kendinizle bir anlaşma yapın, ne probleminiz olursa olsun onu bir süre bırakacaksınız ve 3 dakika ne düşünmek istiyorsanız onu düşünün. Son aşamaya geldiğinizde kendinize şu soruyu sorun ve üzerine düşünün:

Şu anda arzuladığınız ve niyet ettiğiniz düşleriniz gerçekleşmiş olsa ne hissedersiniz?

Tüm niyetleriniz gerçekleşmiş gibi derin düşünce haline geçtiğinizde kendinizi gözlemleyin. Düşlerinizin gerçekliğinde dolaşırken bütün detayların farkında olun. Örneğin bir odadaysanız, odada masa varsa o masanın üzerindeki eşyalara bakın, yiyecek ya da içecek herhangi bir şey varsa tadına bakın. Etrafta bir çiçek varsa kokusuna bakın, oturabileceğiniz bir koltuk varsa dokusuna bakmaya çalışın. Hatırlayın, bilinçaltı nelerin

lerin gerçek olduğunu ayırt edemez. İnsan algısı, atom boyutta gerçekleşmektedir. Düşünceler, imajlar ve istekler, metafizik boyutta cevabını bulacaktır.

Negatif herhangi bir duygu geldiyse onu alanınızdan sevgiyle uğurlayın.

"Şu an fark ediyorum ki .... düşünceler ve duygular *nötr alanımda dolaşıyor. Ben .... (isminizi tekrar edin) .... duygu ve düşüncelerin hiçliğimde farkındayım. Ve şimdi sizleri tüm alan ve katmanlarımdan, mikromdan makroma tüm kayıt merkezlerimden sevgiyle gönderiyorum*" deyin.

Son olarak şükür ve minnet duygunuzun farkında olun, "... ve öyle" diyerek çalışmanızı tamamlayın.

Bu çalışmayı bitirdikten sonra 21 gün boyunca aşağıdaki olumlamaları sabah akşam lütfen tekrar edin:

Sahip olduğum her şey için şükrediyor ve bana gelen iyi şeyleri sevgiyle kabul ediyorum.

Kendimi onaylıyorum ve her durumda yeterli bir insan olduğumu kabul ediyorum.

Kendime, hayata ve geleceğe güveniyorum.

Hayattan keyif almayı ve mutlu olmayı seçiyorum.

Hayatımda her şey olması gerektiği gibi mükemmel bir şekilde oluyor.

Bilmem gereken her şeyi kolaylıkla ve hızlı bir şekilde öğreniyorum.

Zamanı verimli kullanıyorum ve tüm işlerimi zamanında tamamlıyorum.

Kalıcı ve sağlam adımlar atarak harika bir geleceğe yol alıyorum.

İnsanların beni sadece olumlu olarak etkilemelerine izin veriyorum.

Tüm işlerimde başarılı olmam için evren beni destekliyor.

Kalbimi sevgiye açıyorum ve sevginin hayatıma girmesine izin veriyorum.

Sezgilerim güçleniyor ve yüksek benliğimle bağlantım artıyor.

Hayatımdaki herkesle uyumlu, sevgi dolu ve olumlu ilişkilere sahibim.

Gelişmek, ilerlemek ve zenginleşmek için hazırım.

Bugün hayatıma refah getirecek seçimler yapıyor ve tüm seçimlerimin gerçekleşmesine izin veriyorum.

Ben başarılı, güçlü ve üretken bir insanım.

Sevgi enerjisi ile kendimi arındırıyorum ve güçlendiriyorum.

Ben iradeli, kararlı ve ne istediğini bilen bir insanım.

Karşıma harika fırsatlar çıkıyor ve hepsini en iyi şekilde değerlendiriyorum.

Hayatımdaki her şey her gün daha da iyiye gidiyor.

Hayatıma güzellikler getiren insanlarla birlikte olmanın tadını çıkartıyorum.

Kendime bakıyorum ve çok güçlü birisini görüyorum.

Pozitif enerjimle iyi ve güzel şeyleri hızla hayatıma çekiyorum.

AŞKOLSUN

TEŞEKKÜR

"Başarısızlığının içindeki başarıyı gör, sivri yanlarını törpülemeyi öğren" diyen canım anneme, hayatımın tüm anlarında acı çekmeme, canımın yanmasına, üzülmeme, sevinmeme, mutluluğuma ortak olan ruh parçalarıma, bakış açımın genişlemesinde ve tekâmülümde sonsuz hizmette bulunan tüm geçmiş ve geleceğimdeki ruhlara, farkındalığımın bir sevgi bağıyla derinleşmesine destek olan ruhu aydınlık olan tüm dostlarıma, sevgi pınarımın açılmasına ve koşulsuz sevgiyi deneyimleme fırsatı tanıyan yolumdaki tüm ışıklara ve desteğini hiçbir şekilde eksik etmeyen sevgili eşim Tayfun Uzun'a, canımın cananı çocuklarım Batuhan'ıma ve Sudehan'ıma ve şifa yolculuğumda üstat bir ruha sahip olan minik kızım Ege Su'ya sonsuz teşekkür ediyorum.

YAZAR HAKKINDA

Merhaba,

Ben Sibel Uzun.

29.03.1982 tarihinde İstanbul-Bakırköy'de doğdum. Dört kişilik bir ailenin en küçük ferdiyim. Annem, uzun yıllar hemşire olarak görev yaptı ve emekli oldu. Babam, özel sektörde uzun yol şoförüydü. 1999 yılında babam Hakk'a yürüdü ve nuruna kavuştu. Abim ise benden beş yaş büyük. Tekstil sektöründe hâlâ görev yapmakta, evli ve iki çocuk babası. Ben ise evliyim, üç tane iki ayaklı, üç tane dört ayaklı çocuk annesiyim. İnşaat teknikeri olmama rağmen 2000 yılında tekstil sektörüne geçiş yaptım. Uzun yıllar sektörde lider kalmayı ve kendi şirketimi yönetmeyi başardım. 2012 yılında, SBS AKSESUAR isimli şirketimin iflasını verip, sektörde yönetici pozisyonunda görev yaptım. Uzun bir süre sektörde devam ettim. Ta ki o muhteşem vakit gelene kadar. ☺

O gün bugün yazıyorum, okuyorum, anlatıyorum, öğretiyorum. Hayatımın amacı üzerine tüm yollarımı, hakikatin özüyle hem kendim sindirerek hem de başka bilinçlere ilham olarak sergiliyorum, yolun sevgi olduğu bilinciyle...

Eğitim Geçmişim

Bahçelievler Siyavuşpaşa İlkokulu'nda başlayan eğitim hayatım hâlâ devam etmektedir.

Yarım bıraktığım ilk lisans eğitimimin ardından şu an, Anadolu Üniversitesi İktisat Fakültesi'nde Uluslararası İlişkiler ve İstanbul üniversitesi-Auzef bünyesinde Sosyoloji bölümü olmak üzere iki lisans eğitimine devam etmekteyim. Hedefimde doktora dahi var.

Resmi okul hayatım dışında küçük yaştan bu yana hep eğitim programlarına katıldım. Evrensel bilinç ve kozmos maceralarıma geçmeden evvel profesyonel basketbol geçmişim bulunmakta.

Evrensel Enerji Sertifika Programları
Profesyonel Koçluk Programları (ICF-ACC)

1999 yılında inşaat sektöründe çalışmalarım başladı. İstanbul depreminin ardından sektörde yaşanan olumsuzluklardan kaynaklı tekstil sektörüne direkt olarak geçiş yaptım. Aktif, çalışkan, hırslı ve çözüm odaklı olunca başarı kaçınılmaz oldu. 2002 yılında kendi şirketimin açılışını yaptım. 2011 yılına kadar ana merkez dışında 11 tane şubeyle sektöre hizmet etmeye devam ettim. Arka arkaya yaşadığım finansal zorluklar bir anda tüm şubeleri kapamaya, sadece merkezde devam etmeye karar vermeme sebep oldu. 50 kişilik ana kadromu ben dahil 5 kişiye kadar düşürmüştüm.☺ Fakat yine yaşadığım muhteşem olaylar silsilesi artık ekmek teknemin yolunu değiştirmekten geçtiğini söylüyordu. Şimdilerde T.C. Çalışma ve Sosyal Güvenlik Bakanlığı ilgili kuruluşu MYK-Belgeli Profesyonel Koç, ICF-ACC Unvanlı Profesyonel Koç, Medya Ege köşe yazarı, aynı zamanda Spiritüel Şifacı olarak bütüne hizmet ediyorum.

TLHT® THE LIGHT OF HEALING THERAPY
IŞIĞIN ŞİFASI HAKKINDA

Işığın Şifası; Sibel Uzun'a kanallıkla aktarılmış evrensel şifa sistemidir. 2020 yılında markalaşmaya gitmiştir ve tescillidir. Evrensel şifayı herkese ulaştırmayı hedefleyen sistemde Bedensel Hastalıkların oluşumu, Zihinsel Sorunların oluşumu, Ruhsal Sorunların oluşumu üzerine derinlemesine bir şifalama sağlamaktadır. Ruh-Beden-Zihin üçlüsünün uyum sürecini ve dengede kalmasını sağlayan ışığın şifası bugün birçok kişiye ulaşmıştır.

TLHT® eğitim ve seminer sistemleri de bulunmaktadır. Bireysel çalışmalar ve öğretilerle birlikte yaşamımızda nedenini bilmediğimiz tıkanıklıklar, hastalıklar, sorunlara karşı kökten değişim aracıdır. TLHT® Bilinçaltı ve Şifacılık eğitiminde bu sorunların kaynaklarını ve çözümlerini ve kendi güçlerinizi, şifacılığınızı öğreniyorsunuz.

Bedensel hastalıklara bilinçaltındaki kayıtlarımız neden olur, bu kayıtlar belirlenip temizlendiğinde artık kişinin aynı hastalığı tekrar etmesine mâni olabilir ve kişi sağlığına kavuşturulabilir. Bununla birlikte aşk, para, kariyer gibi hayati konular için de yine bilinçaltımızda bulunan olumsuz kayıtlar hayatımızın bu alanlarında sorunlar yaşamamıza neden olur. Hayatının herhangi bir alanında sorun yaşayan danışanınızın bilinçaltına ulaşarak bu sorunların ana kaynağını belirleyip temizleyerek kişilerin daha sağlıklı, mutlu ilişkiler içinde, bolluklu, başarılı hayat sürmesini sağlarsınız.

Kitabımızın içerisindeki uygulamalar "TLHT® THE LIGHT OF HEALING THERAPY-IŞIĞIN ŞİFASI" şifa sisteminin bir parçasıdır.

Sistemin çalışma içeriğindeki başlıklar şu şekildedir:

- Aura Temizliği
- Çakra Dengeleme
- Bilinçaltı Temizliği
- Korku Belirleme ve Temizliği
- Sahne Dönüştürme
- Kuantum & NLP Teknikleri
- Kök İnanç Belirleme ve Yeni Kod Yüklemesi
- Blokaj ve Hastalıkların Belirlenmesi ve Giderilmesi (panik atak, kistlerin ve tümörlerin yok edilmesi, MS, felçli durumlar, bağırsak sendromu vs. bedensel tüm hastalıklar kapsama alanına dahildir)
- Affetme & Bağ Kesme
- Helalleşme
- Yüklerden Arınma
- Telkinler & Olumlamalar
- Dualar
- Yeni Kodlamaların Yapılması (Bolluk Bereket-Başarı-Aşk vs.)
- Sevgi Frekansı ve Şifa Yüklemesi

TLHT® kişinin kendi özüne döndürülmesini sağlayarak gerçek doğası olan Nur'a döndürülür, bir nevi ruhsal, bedensel, zihinsel balans ayarı yapılır. Çalışma süresince kişi derin transtadır yani teta frekansındadır (astral alana çıkış), aurası ve enerji merkezleri olan çakraları dengelenir. Kişi astral alanındaki kendisi ile ilgili tüm hakikati görür; varlık etkisi, nazar, negatif kordonlar, beyne olumsuz kodların oluşmasına neden olan geçmişte yaşadığı hatıralar, bağımlılıklar varsa nedenleri, hayatında yaşadığı sorunların asıl gerçek nedenleri, melekleri, atalarının şifalandırılmasının gerekip gerekmediği, geçmiş zamanların şifalandırılmasının gerekip gerekmediği gibi pek çok şifalanmasını sağlayacak gerekli olan ne varsa görür ve bunlar şifalandırılır.

TLHT® THE LIGHT OF HEALING THERAPY-IŞIĞIN ŞİFASI, hayatın tüm alanlarına ve konularına yönelik uygulanmaktadır. Bütünsel kolektif bir çalışmadır, tek bir konu veya tek bir sorun grubunu içermez. Aynı çalışma içinde tüm alanlarda aynı anda çalışılır.

Tüm Hastalıklar, Parasal Konular, İlişkiler, Başarı, Kendine Güven, Tüm Boyutsal, Zamansal, Mekânsal katmanlardaki şifalanmaları sağlar. Temel başlıklara girebilecek tüm konular TLHT® ile çözüme ulaştırılır ve TLHT®'nin çalışma alanlarına girmektedir.

AŞKOLSUN
ŞİFA OLSUN